_____에게,

사랑과 응원을 담아.

Dominus vobiscum

the Lord be with you

말씀과
동행하는
100일

손병의 지음

광야와 같은 이 세상에서 우리가 하나님의 말씀을 의지할 수 있다는 것은 크나큰 힘과 위로입니다. 말씀이 우리에게 등과 빛이 되어주기 때문입니다(시 119:105). 우리는 지금 위기가 아닌 것이 없는 시대를 살아가고 있습니다. 매순간 새로운 위기를 마주하는 우리의 다음세대가 중요한 일들을 앞두고 하나님의 말씀과 동행하는 것은 참 멋진 일이 아닐 수 없습니다.

오랜 기간 청소년 사역에 몸담아 온 손병의 목사님이 믿음의 다음세대를 바라보며 기도로 이 책을 준비했습니다. 특별히 이 책이 시험을 비롯한 어떤 일이든 100일 동안 말씀을 의지하는 학생들과 부모님들께 길라잡이가 되어 주리라 믿습니다.

류영모 목사
한교총 전 대표회장 / 대한예수교장로회 증경총회장 / 한소망교회 위임목사 사랑하는 동역자 손병의 목사님이 양 무리를 향한 사랑과 응원이 느껴지는 묵상집을 냈습니다. 이 책은 소망을 향해 달려가는 100일, 자칫 지칠 수 있는 중요한 시간에 잠시 멈춰서서 말씀으로 마음을 새롭게 할 수 있는 묵상집입니다. 독자분들의 말씀과 함께하는 100일간의 아름다운 동행을 그려보며 소망 어린 마음으로 추천합니다.

최봉규 목사
한소망 교회

이 책은 중요한 일을 앞두고 하나님을 의지하며 나아갈 수 있도록 잘 구성되어있습니다. 특히 100일간의 성경말씀이 하나님을 의지하고 기대하며 그분의 뜻을 순종하는 데에 맞춰져 있습니다. 이 책과 함께 주님과 동행하는 100일간의 여정을 떠나볼 것을 추천합니다.

장재호 목사
감리교신학대학교 교수

수험생과 같이 평가의 일정이 다가오게 되면 말씀을 통해 하나님과 동행하고 평안함을 지키는 일이 더욱 필요합니다. 이 책은 수험생들이 100일이라는 시간 동안 말씀을 통해 하나님과 교제하고 묵상할 수 있도록 도울 것입니다.

서재덕 목사

호남신학대학교 교수

이 책은 하나님의 말씀이 주시는 위로와 소망과 담대함을 선물할 것입니다. 특별히 시험을 앞두고 있는 믿음의 Alpha세대가 시험에 시험 들지 않고 하나님과 동행하는 데에 큰 도움이 될 것입니다.

구동휘 목사

알파코리아 대표

"사람이 마음으로 자기의 길을 계획할지라도,

그 걸음을 인도하시는 분은 하나님이십니다! (잠 16:9)"

이런저런 도전과 준비의 시간 중에 가장 힘이 되었던 것은 아버지가 건네주신 성경 구절들이었습니다. 아버지의 신앙이 뿌리내렸던 한 절 한 절을 읽고 묵상하고, 암송하고, 기도하면서 하나님의 말씀과 동행함을, 아버지의 응원과 격려를 느낄 수 있었습니다.

지금 여러분이 마주하고 준비하고 있는 그 일에도, 그 걸어가는 발걸음에도, 하나님의 동행을, 응원과 격려를 전하고 싶습니다. 그렇게 하나님과 동행하는 발걸음이라면, 두렵고 떨리는 마음보다 감사와 담대함으로 나아갈 수 있지 않을까요?

이 책은 여러분들이 작정하고 준비하는 그 100일의 시간 동안, 여러분들이 말씀을 의지하며, 그 말씀을 품고 기도하면서 하나님과 동행하는 것을 도와줄 것입니다. 특히 수험생들이 지혜와 지식의 근본이신 하나님(잠 1:7, 9:10) 기억하고 경외하며 날마다 하나님 앞에 나아가도록,

믿음의 연습(練習)을 도울 것입니다.

바쁘고 정신없는 시간, 곤함이 가득한 시간에도 짧게라도 묵상하며 힘과 위로와 소망을 얻을 수 있기를 기대하며, 비어있는 부분은 채우시는 하나님의 은혜를 기대하며, 많은 말을 담기보다 단순하게 구성하였습니다.

매일을 꾸준히, 하나님의 말씀으로, 날마다 공급해 주시는 새로운 힘과 용기를 얻고, 하나님과 가까워지는, 말씀과 동행하는 믿음의 100일이 되기를 축복합니다.

이렇게 활용하세요

1. 매일매일 하나님을 의지하는 마음으로, 이 책을 통해 말씀을 읽고
묵상하는 것을 여러분의 루틴으로 삼아 보세요. 하루를 시작하면서,
혹은 하루를 마무리하면서 잊지 말고 활용해 보세요. 하루에 한 페
이지, 10분입니다!!

2. 오늘의 말씀을 천천히, 의미를 생각하며 읽어 보세요.

3. 나에게 주시는 하나님의 마음은 무엇인가요? 말씀의 능력을 기대하
며 세 줄 묵상을 참고하여 잠시 생각해 보세요.

4. 나의 기도를 적으며 기도해 봅시다. 짧아도 괜찮아요. 기도하기가
어렵다면 함께 적어 둔 짧은 기도를 활용해 보세요.

5. 가족과 함께 혹은 친구와 함께 말씀을 읽고 나누는 것도 묵상을 꾸준히 이어 갈 수 있는 힘이 될 거예요.

6. D-Day와 그 이후 7일까지 준비되어 있습니다. 끝까지 활용해 주세요!

7. 영어 공부에 가장 효과적인 교재가 영어성경이라고 하지요? 영어성경도 함께 참고해 보세요.

한글 성경은 개역개정판을, 영어성경은 NRSV를 사용하였습니다.

목차

세상에서 가장 큰 나무

D-100~D-91

세상에서 가장 큰 나무

미국 캘리포니아 주의 레드우드 국립공원에는 세상에서 가장 큰 나무 '하이페리온'(Hyperion)이 있습니다. 2022년 측정한 키는 30층 빌딩에 해당하는 116.07m였습니다.

소나무목(目) 측백나무과(科) 세콰이어(Sequoia)속(屬)의 레드우드(아메리카 삼나무) 수종인 하이페리온은 그 수령이 600년에서 800년가량으로 알려져 있습니다.

재미있는 것은, 이렇게 크게 자라나는 나무의 씨앗이 토마토 씨앗 정도의 크기라는 사실입니다. 10개를 모아 두어도 10원짜리 동전보다 작은 것이죠.

작은 씨앗이 인고의 시간을 지나며 큰 거목으로 성장합니다. 지금은 작아 보이는 우리도, 시간이 흐르고 인내와 겸손이 우리 안에 쌓여 가고, 하나님과 동행하다 보면, 어느덧 큰 나무가 되어 있지 않을까요?

지금의 내 모습보다 성장해 있을 나의 모습을 기대하며, (눅 2:40) 그 인고의 시간을 함께 하실 하나님을 신뢰하며, 그렇게 믿음으로 이 준비의 시간을 채워 가는 우리가 되기를 기도합니다!

아기가 자라며 강하여지고 지혜가 충만하며
하나님의 은혜가 그의 위에 있더라
마태복음 2:40

D-100

오늘의 말씀

태초에 하나님이 천지를 창조하시니라

창세기 1:1

세 줄 묵상

하나님은 말씀으로 무(無)로부터 세상을 창조하셨습니다.

그 말씀은 세상 그 무엇보다 능력이 있습니다.

그 말씀으로 우리와 함께 계시겠다고 말씀하십니다.

나의 기도

천지의 창조주이신 하나님,
오늘도 능력의 말씀으로 나와 함께 하시니 감사합니다.

D-99

오늘의 말씀

여호와는 선하시며 환난 날에 산성이시라
그는 자기에게 의뢰하는 자들을 아시느니라

나훔 1:7

세 줄 묵상

언제나 하나님의 선하심은 우리를 향하고 있습니다.

그 선하심은 우리를 보호하는 산성과 같습니다.

그 하나님의 선하심에 의지하는 우리를, 하나님은 아십니다.

나의 기도

_____

_____

하나님, 나를 잘 아시는 줄 믿습니다.
오늘도 나의 도움이 되시니 감사합니다.

오늘의 말씀

만물이 그로 말미암아 지은 바 되었으니
지은 것이 하나도 그가 없이는 된 것이 없느니라

요한복음 1:3

세 줄 묵상

하나님은 만물의 이유이십니다.

작은 것 하나에도 하나님의 손길이 닿아 있습니다.

나의 삶도, 이 시간도, 하나님의 손길이 함께 하십니다.

나의 기도

하나님 없이 나는 아무것도 아닙니다.
하나님 오늘도 나와 동행하시니 감사합니다.

오늘의 말씀

아기가 자라며 강하여지고 지혜가 충만하며
하나님의 은혜가 그의 위에 있더라

누가복음 2:40

세 줄 묵상

사람이 자라나는 모든 순간에도 하나님은 함께 하십니다.

성장의 시간도, 지혜도 모든 것이 하나님의 은혜입니다.

그 하나님의 은혜가 내 위에, 나를 덮고 있음을 기억합니다.

나의 기도

_____

_____

나의 시간이 하나님 안에서 자라가는 시간이 되도록,
나에게도 지혜와 은혜로 함께해 주세요.

D-96

년   월   일   요일

오늘의 말씀
_____

너희도 성령 안에서
하나님이 거하실 처소가 되기 위하여
그리스도 예수 안에서 함께 지어져 가느니라

에베소서 2:22

세 줄 묵상

하나님께서는 우리와 함께 있기를 원하십니다.

그래서 성령님을 보내주셨습니다.

그 안에서, 우리는 하나님께서 머무실 곳으로 만들어져 갑니다.

나의 기도

_____

_____

나와 함께 하시니 감사합니다.
성령 하나님이 머무시는 그런 내가 되도록 도와주세요.

영어성경

D-100

In the beginning when God created the heavens and the earth

Genesis 1:1

D-99

The Lord is good, a stronghold in a day of trouble; he protects those who take refuge in him

Nahum 1:7

D-98

All things came into being through him, and without him not one thing came into being. What has come into being

John 1:3

D-97

The child grew and became strong, filled with wisdom; and the favor of God was upon him.

Luke 2:40

D-96

In whom you also are built together spiritually into a dwelling place for God.

Ephesians 2:22

D-95

오늘의 말씀

이와 같이 성령도 우리의 연약함을 도우시나니
우리는 마땅히 기도할 바를 알지 못하나
오직 성령이 말할 수 없는 탄식으로
우리를 위하여 친히 간구하시느니라

로마서 8:26

세 줄 묵상

하나님은 우리를 도우십니다.

우리가 기도하지 못해도, 우리를 위해 기도하십니다.

성령님은 그렇게 우리와 함께하십니다.

나의 기도

_____

_____

하나님, 나의 연약함을 도우시니 감사합니다.
성령으로 기도하는 내가 되도록 도와주세요.

년   월   일   요일

오늘의 말씀

여호와를 경외하는 것이 지식의 근본이거늘
미련한 자는 지혜와 훈계를 멸시하느니라

잠언 1:7

세 줄 묵상

하나님을 공경하고 두려워하는 것이 지식의 근본입니다.
겸손히 하나님의 말씀을 의지하며 준비합니다.
하나님의 지식과 지혜가 나를 채울 것을 기대합니다.

나의 기도

_____

_____

하나님을 경외할 수 있도록 가르쳐 주시니 감사합니다.
나에게 하나님의 지혜와 지식을 더해 주세요.

D-93

오늘의 말씀

하나님의 영을 그에게 충만하게 하여
지혜와 총명과 지식으로 여러 가지 일을 하게 하시되

출애굽기 35:31

세 줄 묵상

우리에게는 하나님께서 주신 여러 능력이 있습니다.

성령이 충만할 때, 그 능력을 바르게 사용할 수 있습니다.

성령이 우리의 능력을 빛나게 합니다.

나의 기도

_____

_____

나에게도 성령으로 함께하셔서 지혜와 총명과 지식을 더해 주세요.
하나님께서 기뻐하시는 일을 하는 삶을 살아가겠습니다.

년 월 일 요일

오늘의 말씀

너희가 악할지라도 좋은 것을 자식에게 줄 줄 알거든
하물며 너희 하늘 아버지께서 구하는 자에게
성령을 주시지 않겠느냐 하시니라

누가복음 11:13

세 줄 묵상

우리는 하나님께 많은 것을 구합니다.

그리고 하나님께서는 우리에게 좋은 것을 예비하십니다.

성령님이 우리에게 가장 좋은 선물이 되십니다.

나의 기도

_____

_____

나를 위해 좋은 것을 준비하심을 감사합니다.
내가 하나님의 준비하심을 알아볼 수 있게 도와주세요.

오늘의 말씀

주는 영이시니
주의 영이 계신 곳에는 자유가 있느니라

고린도후서 3:17

세 줄 묵상

하나님의 영은 물리적 제약을 받지 않습니다.

언제나, 어디에나, 자유롭게 계실 수 있습니다.

그러므로 하나님의 영이 있는 곳에, 하나님의 자유가 있습니다.

나의 기도

_____

_____

하나님, 영으로 나와 함께 하시니 감사합니다.
하나님의 자유를 누릴 수 있도록 도와주세요.

영어성경

D-95 —————————————————————

Likewise the Spirit helps us in our weakness; for we do not know how to pray as we ought, but that very Spirit intercedes with sighs too deep for words.   **Romans 8:26**

D-94 —————————————————————

The fear of the Lord is the beginning of knowledge; fools despise wisdom and instruction.   **Proverbs 1:7**

D-93 —————————————————————

He has filled him with divine spirit, with skill, intelligence, and knowledge in every kind of craft.   **Exodus 35:31**

D-92 —————————————————————

If you then, who are evil, know how to give good gifts to your children, how much more will the heavenly Father give the Holy Spirit to those who ask him!   **Luke 11:13**

D-91 —————————————————————

Now the Lord is the Spirit, and where the Spirit of the Lord is, there is freedom.   **2 Corinthians 3:17**

믿을 수 없는
이야기

D-90~D-81

믿을 수 없는 이야기

여느 때와 다름없이 평화롭던 2016년 9월 4일 수요일의 일입니다. 스페인 남부 말라가 지역 지하철 1호선에서 승객들이 비상벨을 누르기 시작했습니다. 지하철 직원들이 지하철을 멈추고 황급히 달려가 해당 칸의 문을 열었을 때, 그곳에서는 말로 설명할 수 없을 정도로 지독한 악취가 나고 있었습니다. 지하철 직원 안토니오씨는 태어나서 그렇게 지독한 냄새를 맡아본 적이 없다고 인터뷰를 하기도 했어요. 이뿐만 아니라 이 냄새에 정신을 잃은 17명의 승객들이 근처에 있는 빅토리아 병원 응급실로 이송되었습니다.

얼마 지나지 않아 범인이 자수를 했는데요. 범인은 바로 지하철에 타고 있던 여성이었고, 사용된 무기는 방귀였습니다. 방귀 냄새를 맡고 17명이 병원에 실려갔다는 믿을 수 없는 이야기이지만, 증인과 증언이 있고, 이것을 기록한 뉴스가 있습니다. 사실이라는 것이죠.

우리도 비슷한 이야기를 알고 있습니다. 바로 예수 그리스도의 이야기입니다. 하나님이 인간이 되셨고, 죽으셨고, 부활하셨다는 이 믿을 수 없는 이야기를, 우리는 알고 있고, 믿고 있습니다. 세상 사람들은 들어도 모르고 믿지 못하는 예수님의 이야기를, 오늘을 사는 우리 중에 그 누구도 본 사람이 없는데, 우리는 이것을 믿고, 입으로 고백합니다.

많은 사람들이 '너희가 믿는 하나님 눈에 보이지도 않는데 있기는 하는 거야?' '믿을 수 있는 거야?' 이런 이야기를 합니다. 그러나 우리는 눈에 보이지 않아도, 믿을 수 있고 믿습니다. 그리고 세상에 선포합니다. "우리 하나님은 살아계십니다. 지금도 여전히 나를 사랑하십니다."

그 하나님께서, 여러분의 시간에 함께 하십니다(마 1:23).

보라 처녀가 잉태하여 아들을 낳을 것이요
그의 이름은 임마누엘이라 하리라 하셨으니
이를 번역한즉 하나님이 우리와 함께 계시다 함이라
마태복음 1:23

년   월   일   요일

오늘의 말씀

하나님의 은사와 부르심에는 후회하심이 없느니라

로마서 11:29

세 줄 묵상

하나님의 모든 것은 온전하며 완전합니다.

그 계획과 결정에 후회하심이 없습니다.

그 온전하심으로, 완전하심으로, 하나님께서 나를 부르셨습니다.

나의 기도

나를 인도하시는 데에 후회함이 없으신 하나님을 신뢰합니다.
이 준비의 시간을 감사함으로 하나님과 동행할 수 있도록 도와주세요.

D-89

년　　월　　일　　요일

하나님이 능히 모든 은혜를 너희에게 넘치게 하시나니
이는 너희로 모든 일에 항상 모든 것이 넉넉하여
모든 착한 일을 넘치게 하게 하려 하심이라

고린도후서 9:8

세 줄 묵상

하나님은 우리에게 은혜 주시기를 원하십니다.

그 은혜는, 우리로 하나님의 선을 넉넉히 누리게 합니다.

우리를 하나님의 뜻대로 착한 일을 하도록 이끌어 가십니다.

나의 기도

_____

_____

넘치는 은혜를 주시니 감사합니다.
그 은혜를 감사하며 선한 삶을 살아갈 수 있도록 도와주세요.

D-88

오늘의 말씀

평강의 주께서 친히 때마다 일마다
너희에게 평강을 주시고
주께서 너희 모든 사람과 함께 하시기를 원하노라

데살로니가후서 3:16

세 줄 묵상

나를 통해 하나님의 평강이 흘러가게 하십니다.

하나님은 그렇게 나를 평강의 통로로 사용하십니다.

하나님의 말씀과 동행하며, 평강의 도구로 준비되어 갑니다.

나의 기도

_____

_____

하나님의 평강을 약속하시니 감사합니다.
나를 통해 하나님의 평강이 흘러가게 해 주세요.

년   월   일   요일

오늘의 말씀

토기장이가 진흙 한 덩이로 하나는 귀히 쓸 그릇을
하나는 천히 쓸 그릇을 만들 권한이 없느냐

로마서 9:20

세 줄 묵상

세상을 지으신 하나님께서 모든 것의 주인이십니다.

그 주권으로, 모든 것을 하나님의 뜻대로 이루어 가십니다.

나를 향한 하나님의 뜻으로 나를 이끌어 가십니다.

나의 기도

_____

_____

나를 하나님의 뜻대로 만들어 가시니 감사합니다.
오직 하나님께서 주인 되시어 귀하게 사용해 주세요.

D-86

년   월   일   요일

오늘의 말씀

보라 처녀가 잉태하여 아들을 낳을 것이요
그의 이름은 임마누엘이라 하리라 하셨으니
이를 번역한즉 하나님이 우리와 함께 계시다 함이라

마태복음 1:23

세 줄 묵상

하나님께서 우리와 함께 하시기 위해 이 땅에 오셨습니다.

임마누엘, 예수 그리스도로, 우리의 시간 속으로 오셨습니다.

지금 나의 이 시간 속에도 임마누엘의 하나님은 함께 하십니다.

나의 기도

_____

_____

나와 함께 하시는 임마누엘의 하나님,
오늘도 나의 모든 순간에 동행하시니 감사합니다.

영어성경

D-90 ───────────────────────────

For the gifts and the calling of God are irrevocable.   **Romans 11:29**

D-89 ───────────────────────────

And God is able to provide you with every blessing in abundance, so that by always having enough of everything, you may share abundantly in every good work.   **2 Corinthians 9:8**

D-88 ───────────────────────────

Now may the Lord of peace himself give you peace at all times in all ways. The Lord be with all of you.   **2 Thessalonians 3:16**

D-87 ───────────────────────────

But who indeed are you, a human being, to argue with God? Will what is molded say to the one who molds it, "Why have you made me like this?"   **Romans 9:20**

D-86 ───────────────────────────

"Look, the virgin shall conceive and bear a son, and they shall name him Emmanuel," which means, "God is with us."   **Matthew 1:23**

D-85

오늘의 말씀

볼지어다 내가 문 밖에 서서 두드리노니

누구든지 내 음성을 듣고 문을 열면

내가 그에게로 들어가 그와 더불어 먹고

그는 나와 더불어 먹으리라

요한계시록 3:20

세 줄 묵상

하나님은 우리에게 찾아오셔서 부르시고, 두드리십니다.

나의 삶의 모든 순간에 함께 하시려는 하나님의 부르심입니다.

그 부르심을, 그 두드리심을 들을 수 있게 깨어 있어야 합니다.

나의 기도

_____

_____

하나님, 나에게 찾아오시니 감사합니다.

하나님의 음성을 듣고, 하나님과 함께 살아갈 수 있게 도와주세요.

오늘의 말씀

여호와께서 여호수아와 함께 하시니
여호수아의 소문이 그 온 땅에 퍼지니라

여호수아 6:27

세 줄 묵상

아니 땐 굴뚝에 연기가 날까요? 소문은 그냥 생기지 않습니다.

여호수아를 통해 하나님의 함께 하심이 전해졌습니다.

나를 통해서도, 하나님은 함께 하심을 나타내실 것입니다.

나의 기도

_____

_____

하나님을 나타내는 삶을 살아가고 싶습니다.
세상과 하나님 앞에 칭찬받는 사람이 될 수 있게 도와주세요.

오늘의 말씀

여호와는 나의 목자시니 내게 부족함이 없으리로다

시편 23:1

세 줄 묵상

하나님은 나를 기르시는 목자가 되어 주십니다.

내가 어려울 때에도 부족함을 느끼지 않게 채우십니다.

선한 목자이신 하나님의 인도를 따라갑니다.

나의 기도

나의 목자가 되시는 하나님,
나에게 있는 부족함을 하나님의 은혜로 채워 주세요.

오늘의 말씀

그가 나를 푸른 풀밭에 누이시며
쉴 만한 물 가로 인도하시는도다

시편 23:2

세 줄 묵상

하나님께서는 나의 필요를 아십니다.

그리고 하나님의 뜻대로 선하고 좋은 것을 예비하십니다.

그 하나님을 온전히 따라가기를 소망합니다.

나의 기도

_____

_____

필요를 채우시는 풀밭으로, 위로하시는 쉼으로 인도하시니 감사합니다.
목자이신 하나님을 의지하며 살아가게 도와주세요.

D-81

오늘의 말씀

내 평생에
선하심과 인자하심이 반드시 나를 따르리니
내가 여호와의 집에 영원히 살리로다

시편 23:6

세 줄 묵상

하나님의 선하심과 인자하심으로 내 뒤를 봐주십니다.

그렇게 내 삶은 하나님과 동행하는 삶이 됩니다.

그렇게 나의 삶은 하나님의 집이 되어 갑니다.

나의 기도

_____

_____

선하심과 인자하심으로 나와 함께 하시니 감사합니다.
하나님의 인도하심을 따라 하나님 계신 곳으로 나아갑니다.

D-85

Listen! I am standing at the door, knocking; if you hear my voice and open the door, I will come in to you and eat with you, and you with me.   **Revelation 3:20**

D-84

So the Lord was with Joshua; and his fame was in all the land.

Joshua 6:27

D-83

The Lord is my shepherd, I shall not want.   **Psalms 23:1**

D-82

He makes me lie down in green pastures; he leads me beside still waters.   **Psalms 23:2**

D-81

Surely goodness and mercy shall follow me all the days of my life, and I shall dwell in the house of the Lord my whole life long.

Psalms 23:6

증언합니다

D-80~D-71

증언합니다

이란은 세계에서 유일하게 마라톤을 금지한 나라입니다. 1974년 이란에서 열렸던 아시안게임에서는 아예 마라톤을 제외하기도 했습니다. 왜 그럴까요?

마라톤은 B.C. 490년 페르시아군과 아테네군이 전투를 벌였던 곳의 지명입니다. 이때 기적적으로 승리한 아테네군의 승전보를 전하러 42km를 달린 페이디피데스의 정신을 기리는 달리기가 바로 오늘날의 마라톤입니다. 즉, 아테네가 페르시아를 무찌른 역사를 기념하는 것입니다. 이러한 이유로 페르시아의 후손인 이란은 마라톤을 금지합니다.

비슷한 이야기가 또 있습니다. 작곡가 차이코프스키의 〈1812년 서곡〉은 1812년 나폴레옹이 이끌던 프랑스 군을 러시아군이 모스크바에서 몰아낸 것을 기념하는 곡입니다. 이 곡은 전쟁의 승리와 패배를 묘사합니다. 러시아에겐 자랑스러운 역사의 이 곡은 패전국 프랑스에서는 연주되지 않습니다.

운동을 통해, 음악을 통해 사람들은 무엇인가를 증언합니다. 분명한 사실을 증언하는 것이죠. 승리와 패배의 사실을 증언합니다. 하나님의 말씀도, 무엇인가를 증언합니다. 그리스도의 승리와 사탄의 패배를 증언합니다. 무엇보다 우리를 향한 하나님의 사랑을 증언합니다.

하나님께서 함께 하십니다!!(수 1:9)

내가 네게 명령한 것이 아니냐

강하고 담대하라 두려워하지 말며 놀라지 말라

네가 어디로 가든지 네 하나님 여호와가

너와 함께 하느니라 하시니라

여호수아 1:9

오늘의 말씀

내가 네게 명령한 것이 아니냐
강하고 담대하라 두려워하지 말며 놀라지 말라
네가 어디로 가든지 네 하나님 여호와가
너와 함께 하느니라 하시니라

여호수아 1:9

세 줄 묵상

강하고 담대하라, 두려워 말며 놀라지 말라 명령하십니다.

약해지고, 두려워지고, 놀랄만한 일들이 있을 것이라는 말이죠.

그러나 기억하세요. 그 모든 순간 하나님께서 함께 하십니다.

나의 기도

_____

_____

함께 하심을 약속해 주시니 감사합니다.
하나님과 동행함으로 담대한 내가 될 수 있게 도와주세요.

오늘의 말씀

너희는 값으로 사신 것이니 사람들의 종이 되지 말라

고린도전서 7:23

세 줄 묵상

무엇이든 값을 치르고 사면 주인이 됩니다.

예수님은 우리를 자신의 생명으로 값 주고 사셨습니다.

우리의 주인은 세상이 아닌, 예수님입니다.

나의 기도

_____

_____

세상을 따르는 사람이 아니라 하나님을 따르는 사람이 되도록
나를 지키시고 인도해 주세요.

D-78

오늘의 말씀

두려워하지 말라 내가 너와 함께 함이라

놀라지 말라 나는 네 하나님이 됨이라

내가 너를 굳세게 하리라 참으로 너를 도와주리라

참으로 나의 의로운 오른손으로 너를 붙들리라

이사야 41:10

세 줄 묵상

나를 굳세게 붙들어주시는 하나님의 손이 있습니다.

보이지 않지만, 분명히 나를 도우시는 하나님의 손입니다.

그 하나님의 손을 의지하는 시간을 삶에 채워 갑니다.

나의 기도

_____

_____

하나님, 나를 든든히 잡아 주시니 감사합니다.

하나님과 두려움 없이 이 시간을 준비하게 해 주세요.

년   월   일   요일

오늘의 말씀

십자가의 도가 멸망하는 자들에게는 미련한 것이요
구원을 받는 우리에게는 하나님의 능력이라

고린도전서 1:18

세 줄 묵상

하나님께서는 우리를 타협 없이 고집스럽게 사랑하십니다.

세상은 그 십자가의 사랑을 미련하게 바라봅니다.

그러나 그 고집스러운 타협 없는 사랑이, 우리에게 능력입니다.

나의 기도

_____

_____

나의 능력이 되어 주시니 감사합니다.
예수님의 십자가를 잊지 않고 살아가게 도와주세요.

D-76

오늘의 말씀

통치자들과 권세들을
무력화하여 드러내어 구경거리로 삼으시고
십자가로 그들을 이기셨느니라

골로새서 2:15

세 줄 묵상

하나님 앞에서 세상의 높음이 낮아집니다.

세상의 것보다 그리스도의 십자가를 의지합니다.

그때에, 하나님 앞에서 나의 낮음이 높여집니다.

나의 기도

십자가로 승리하신 하나님을 찬양합니다!
그 십자가의 승리를 힘입어 살아가는 내가 되게 도와주세요.

영어성경

D-80

I hereby command you: Be strong and courageous; do not be frightened or dismayed, for the Lord your God is with you wherever you go.

Joshua 1:9

D-79

You were bought with a price; do not become slaves of human masters.

1 Corinthians 7:23

D-78

Do not fear, for I am with you, do not be afraid, for I am your God; I will strengthen you, I will help you, I will uphold you with my victorious right hand.

Isaiah 41:10

D-77

For the message about the cross is foolishness to those who are perishing, but to us who are being saved it is the power of God.

1 Corinthians 1:18

D-76

He disarmed the rulers and authorities and made a public example of them, triumphing over them in it.

Colossians 2:15

오늘의 말씀

모든 사람이 죄를 범하였으매
하나님의 영광에 이르지 못하더니

로마서 3:23

세 줄 묵상

하나님의 영광은 무한합니다.

무한한 하나님의 영광에 대한 우리의 죄도 무한합니다.

그럼에도, 하나님께서는 무한한 영광으로 나와 함께 하십니다.

나의 기도

나의 죄를 용서하시니 감사합니다.
하나님의 영광을 기억하며 겸손하게 살아갈 수 있게 도와주세요.

D-74

오늘의 말씀

그리스도 예수 안에 있는
속량으로 말미암아 하나님의 은혜로
값 없이 의롭다 하심을 얻은 자 되었느니라

로마서 3:24

세 줄 묵상

하나님의 영광에 이를 수 없는 우리에게 십자가를 주셨습니다.

그 십자가는 하나님과 우리를 잇는 다리가 되었습니다.

그 십자가는 우리가 얻지 못할 의롭다 하심을 얻게 합니다.

나의 기도

_____

_____

우리를 속량하여 주심을 감사합니다.
공짜로 주신 하나님의 의로우심을 가벼이 여기지 않게 도와주세요.

오늘의 말씀

야곱아 너를 창조하신 여호와께서 지금 말씀하시느니라

이스라엘아 너를 지으신 이가 말씀하시느니라

너는 두려워하지 말라 내가 너를 구속하였고

내가 너를 지명하여 불렀나니 너는 내 것이라

이사야 43:1

세 줄 묵상

나를 지으신 하나님의 주인 되심을 기억합니다.

우주보다 크신 하나님께서 작은 나를 지명하셨습니다.

그 사실이 내가 담대할 수 있는 이유입니다.

나의 기도

_____

_____

나를 지명하시어 하나님의 소유로 삼아주시니 감사합니다.
주인 되시는 하나님과 동행하는 삶을 살아가게 해 주세요.

D-72

오늘의 말씀

다른 이로써는 구원을 받을 수 없나니
천하 사람 중에 구원을 받을 만한 다른 이름을
우리에게 주신 일이 없음이라 하였더라

사도행전 4:12

세 줄 묵상

우리의 도움은 세상에 있지 않습니다.

세상을 지으신 하나님에게 있습니다.

하나님을 바라는 우리에게, 그 도움의 손을 펼치십니다.

나의 기도

_____

_____

하나님을 의지하는 것이 나의 힘이 됩니다.
오직 하나님의 이름만 의지하는 내가 되도록 도와주세요.

오늘의 말씀

사람이 마음으로 믿어 의에 이르고
입으로 시인하여 구원에 이르느니라

로마서 10:10

세 줄 묵상

마음속에만 담아두는 것에 머무르지 않아야 합니다.

그 마음을 선포하는 행동이 필요합니다.

예수님의 십자가가 우리를 향한 사랑의 선포였던 것처럼요.

나의 기도

_____

_____

나에게 구원을 베풀어 주시니 감사합니다.
나의 입술로 하나님을 고백하며 살아갈 수 있도록 도와주세요.

영어성경

D-75
Since all have sinned and fall short of the glory of God. **Romans 3:23**

D-74
They are now justified by his grace as a gift, through the redemption that is in Christ Jesus. **Romans 3:24**

D-73
But now thus says the Lord , he who created you, O Jacob, he who formed you, O Israel: Do not fear, for I have redeemed you; I have called you by name, you are mine. **Isaiah 43:1**

D-72
There is salvation in no one else, for there is no other name under heaven given among mortals by which we must be saved. **Acts 4:12**

D-71
For one believes with the heart and so is justified, and one confesses with the mouth and so is saved. **Romans 10:10**

역전의 가능성

D-70~D-61

역전의 가능성

2022년 월드컵은 중동국가인 카타르에서 개최되었습니다. 한국과 미국 등의 쟁쟁한 경쟁 국가들을 제치고 월드컵 개최권을 따낸 것이죠. 사실 카타르는 월드컵을 유치하기에는 불리한 조건들이 많았습니다. 좁은 영토와 적은 인구라는 핸디캡뿐만 아니라, 중동이라는 지리적 위험성까지 가지고 있었습니다. 그러나 4차까지 이어진 월드컵 개최지 투표에서 미국을 제치고 개최지로 선정되었어요. 외신은 이 투표를 다윗과 골리앗에 비유하기도 했습니다. 그만큼 불리함이 많았지만 기적적인 승리를 거두었다는 의미였지요.

비리 논란이 있기는 했지만, 당시 분석가들은 이 승리를 신선하게 바라보았습니다. 왜냐하면 단점을 강점으로 바꾼 역발상이 있었기 때문입니다. 좁은 국토라는 단점을 경기장이 몰려 있어 이동이 편하다는 점으로 극복했고, 모든 경기장에 에어컨을 설치해 온도를 유지하겠다는 공약으로 폭염을 극복했습니다. 중동이라는 지리적인 위험성에 대해서는 사상 첫 중동 월드컵이 주는 평화를 기대할 수 있다는 명분으로 응수했습니다.

불리해 보이는 조건들, 좋지 않은 상황 속에서도 역전의 가능성을 놓지 않았던 것입니다. 지금 여러분은 어떤가요? 불리해 보일 수 있고, 좋지 않은 상황을 마주할 수 있습니다.

하지만 여러분, 기억하세요.
전쟁은 하나님께 속한 것이며(삼상 17:47), 우리는 하나님과 함께 역전할
수 있습니다!!

또 여호와의 구원하심이
칼과 창에 있지 아니함을 이 무리에게 알게 하리라
전쟁은 여호와께 속한 것인즉 그가 너희를 우리 손에 넘기시리라
사무엘상 17:47

년   월   일   요일

오늘의 말씀

예수께서 이르시되 내가 곧 길이요 진리요 생명이니
나로 말미암지 않고는 아버지께로 올 자가 없느니라

요한복음 14:6

세 줄 묵상

예수님의 우리의 길과 진리, 생명이십니다.

그 길은 하나님을 향하고, 그 진리는 하나님을 선포합니다.

그 생명은 우리로 영원히 하나님과 함께 살게 합니다.

나의 기도

내 삶의 길과 진리, 생명이 되어주시니 감사합니다.

예수님만 따라가는 내가 되겠습니다. 나를 지켜 주세요.

년   월   일   요일

복 있는 사람은 악인들의 꾀를 따르지 아니하며
죄인들의 길에 서지 아니하며
오만한 자들의 자리에 앉지 아니하고

시편 1:1

세 줄 묵상

악인의 꾀, 죄인의 길, 오만한 자리가 매력적일 때가 있습니다.

그러나 하나님은 그런 곳들을 기뻐하지 않으십니다.

하나님께서 자리에 있는 우리가 되기를 소망합니다.

나의 기도

_____

_____

악인들과 죄인들과 오만한 자들을 분별하게 하시고,
그들을 멀리하는 내가 될 수 있게 도와주세요.

년   월   일   요일

오늘의 말씀

그는 시냇가에 심은 나무가
철을 따라 열매를 맺으며
그 잎사귀가 마르지 아니함 같으니
그가 하는 모든 일이 다 형통하리로다

시편 1:3

세 줄 묵상

하나님께서 기뻐하시는 곳에 있는 것이 복입니다.

그곳에서 복 있는 사람은 마르지 않는 풍성함을 누립니다.

우리의 시간도, 하나님의 복으로 풍성히 채워지기를 소망합니다.

나의 기도

_____

_____

하나님 안에서 시냇가에 심긴 나무가 되어
형통한 삶을 살아갈 수 있게 함께해 주세요.

대저 하나님의 모든 말씀은
능하지 못하심이 없느니라

누가복음 1:37

세 줄 묵상

하나님의 말씀은 무로부터 세상을 창조하신 능력의 말씀입니다.

그 능력의 말씀이 우리에게 '할 수 있음'을 약속합니다.

하나님의 말씀을 의지하여 하루하루를 준비합니다.

나의 기도

_____

_____

하나님 말씀의 그 능력을 신뢰하는 내가 될 수 있게,
말씀으로 하나님을 경험할 수 있게 도와주세요.

년   월   일   요일

오늘의 말씀

하나님의 말씀은 살아 있고 활력이 있어
좌우에 날선 어떤 검보다도 예리하여
혼과 영과 및 관절과 골수를 찔러 쪼개기까지 하며
또 마음의 생각과 뜻을 판단하나니

히브리서 4:12

세 줄 묵상

하나님의 말씀이 내 안에 살아 있습니다.

나의 마음과 생각을 하나님의 말씀 앞에 비추어 봅니다.

오늘도 나를 인도하시는 하나님의 말씀을 의지합니다.

나의 기도

_____

_____

나에게 하나님의 말씀 주심을 감사합니다.
살아있는 그 말씀으로 나를 바르게 인도해 주세요.

영어성경

D-70 ——————————————————————————————

Jesus said to him, "I am the way, and the truth, and the life. No one
comes to the Father except through me.   **John 14:6**

D-69 ——————————————————————————————

Happy are those who do not follow the advice of the wicked, or take
the path that sinners tread, or sit in the seat of scoffers.   **Psalms 1:1**

D-68 ——————————————————————————————

They are like trees planted by streams of water, which yield their fruit
in its season, and their leaves do not wither. In all that they do, they
prosper.   **Psalms 1:3**

D-67 ——————————————————————————————

For nothing will be impossible with God.   **Luke 1:37**

D-66 ——————————————————————————————

Indeed, the word of God is living and active, sharper than any two-
edged sword, piercing until it divides soul from spirit, joints from
marrow; it is able to judge the thoughts and intentions of the heart.

Hebrews 4:12

오늘의 말씀

말씀이 육신이 되어 우리 가운데 거하시매
우리가 그의 영광을 보니
아버지의 독생자의 영광이요
은혜와 진리가 충만하더라

요한복음 1:14

세 줄 묵상

하나님께서는 말씀으로 우리 가운데 함께 하십니다.

그 무한한 영광은 예수 그리스도를 통해 선포됩니다.

그 영광의 은혜가, 진리가, 내 삶에 충만하기를 기대합니다.

나의 기도

_____

_____

말씀이신 하나님을 나의 삶에서 언제나 만날 수 있게 도와주세요.
진리의 말씀, 그 은혜로 살아가는 내가 되게 해주세요.

년   월   일   요일

오늘의 말씀

구원의 투구와 성령의 검
곧 하나님의 말씀을 가지라

에베소서 6:17

세 줄 묵상

우리가 유혹을 대항할 수 있는 무기는 딱 하나입니다.

성령의 검, 곧 하나님의 말씀입니다.

그 말씀을 의지하며 시험과 유혹을 이겨 내기를 소원합니다.

나의 기도

_____

_____

구원과 성령을 약속하시니 감사합니다.
하나님의 말씀으로 세상을 이기는 내가 될 수 있게 도와주세요.

D-63

년   월   일   요일

오늘의 말씀

그런즉 너희는 먼저 그의 나라와 그의 의를 구하라
그리하면 이 모든 것을 너희에게 더하시리라

마태복음 6:33

세 줄 묵상

나의 준비의 시간이, 나를 위함보다 하나님을 위함이 되도록.

나의 간절한 구함이, 먼저 하나님의 나라와 의를 향하도록.

나의 삶의 자리에, 모든 것을 더하시는 하나님의 손길이 있기를.

나의 기도

_____

_____

나의 계획과 만족과 유익보다, 나의 성공보다,
하나님 나라와 의를 소중하게 생각할 수 있는 믿음과 용기를 주세요.

D-62

오늘의 말씀

또 여호와의 구원하심이 칼과 창에 있지 아니함을

이 무리에게 알게 하리라

전쟁은 여호와께 속한 것인즉

그가 너희를 우리 손에 넘기시리라

사무엘상 17:47

세 줄 묵상

전쟁은 모든 것의 주인이신 하나님께 속한 것입니다.

그래서 전쟁을 이기는 방법은 세상에 있는 것이 아닙니다.

역전(逆轉)할 수 있는 능력이 하나님께 있음을 기억합니다.

나의 기도

_____

_____

만물의 주인 되시는 하나님께서 함께 하시니 감사합니다.

하나님과 함께 역전을 이루어 가는 내가 될 수 있게 도와주세요.

오늘의 말씀

내가 전심으로 주를 찾았사오니
주의 계명에서 떠나지 말게 하소서

시편 119:10

세 줄 묵상

두려움 가운데 하나님을 절박하게 찾습니다.

하나님은 우리가 말씀에서 멀어지지 않게 붙잡아 주십니다.

하나님의 말씀을 가까이하며, 하나님을 믿습니다.

나의 기도

하나님을 찾는 사람이 되어, 하나님의 말씀을 묵상하는
삶을 살 수 있도록 믿음과 용기를 주세요.

D-65

And the Word became flesh and lived among us, and we have seen his glory, the glory as of a fathers only son, full of grace and truth.

John 1:14

D-64

Take the helmet of salvation, and the sword of the Spirit, which is the word of God. **Ephesians 6:17**

D-63

But strive first for the kingdom of God and his righteousness, and all these things will be given to you as well. **Matthew 6:33**

D-62

And that all this assembly may know that the Lord does not save by sword and spear; for the battle is the Lord's and he will give you into our hand. **1 Samuel 17:47**

D-61

With my whole heart I seek you; do not let me stray from your commandments. **Psalms 119:10**

혼자가
아닙니다

D-60~D-51

혼자가 아닙니다

뉴질랜드 오클랜드 공대의 세바스티안 루징거(Sebastian Leuzinger) 교수는 서(西)오클랜드 지역을 하이킹하다 이상한 장면을 목격합니다. 분명히 죽어서 썩어 없어져야 할 나무가 살아 있었던 것입니다. 윗부분이 잘려진 나무는 밑동 부분만 남아 있었어요. 잎도 없었고 상당 부분이 썩어 있었지만, 둥치 가장자리 부분에 난 상처들이 아물어 있었습니다. 분명히 살아 있다는 증거였습니다.

어떻게 이 나무는 밑동만 가지고도 살아 있는 것이었을까요? 루징거 교수와 연구진은 근처에 있는 나무의 뿌리를 통해 물과 양분을 주고받는다는 사실을 밝혀냈습니다. 서로 다른 개체가 개체를 초월해 하나로 연합하여서 그 생명을 유지하고 있었던 것이지요. 루징거 교수는 이러한 연결과 상호도움에 대해서 '각각의 나무를 개별적으로 보기보다, 숲 자체를 초유기체(Superorganism)로 보아야 한다'고 말했습니다.

우리도 '복음'이라는 뿌리로 연결된 믿음의 공동체입니다. 서로 다르지만, 하나님을 아버지로 부르는 믿음의 가족입니다(갈 4:6). 보이지 않아도 분명히 연결되어 있음을, 응원하고 격려하며 함께하고 있음을 기억합시다. 당신을 위해 기도하는 공동체가, 가족이 있습니다!
혼자가 아닙니다!

너희가 아들이므로
하나님이 그 아들의 영을 우리 마음 가운데 보내사
아빠 아버지라 부르게 하셨느니라
갈라디아서 4:6

D-60

오늘의 말씀

고난 당한 것이 내게 유익이라
이로 말미암아 내가 주의 율례들을 배우게 되었나이다

시편 119:71

세 줄 묵상

고난, 그 너머에 계신 하나님을 기억합니다.

모든 순간, 함께 하시는 하나님의 뜻이 있습니다.

그래서 모든 순간이, 고난도, 나에게 유익이 됩니다.

나의 기도

나에게 다가오는 어려움 속에서도 하나님의 마음을 발견할 수 있는
믿음의 눈을 주세요.

D-59

오늘의 말씀

주의 말씀은 내 발에 등이요 내 길에 빛이니이다

시편 119:105

세 줄 묵상

처음 가는 길에는 지도를, 어두움 중에는 빛을 의지합니다.

우리의 준비도 초행길 같고, 캄캄한 어두움 같을 때가 있습니다.

그때에, 우리가 든든히 의지할 것은 하나님의 말씀입니다.

나의 기도

_____

_____

하나님의 말씀을 등불삼아 의지하며 살아갈 수 있도록
말씀을 사랑하는 마음과 말씀대로 살아갈 수 있는 용기를 주세요.

D-58

오늘의 말씀
_____

하나님께서 지으신 모든 것이 선하매
감사함으로 받으면 버릴 것이 없나니
하나님의 말씀과 기도로 거룩하여짐이라

디모데전서 4:4-5

세 줄 묵상

선하신 하나님의 모든 피조물은 하나님의 선을 지향합니다.

그러나 하나님의 선을 향하지 못하게 방해받기도 합니다.

감사와 말씀과 기도로 하나님을 향하게, 구별되게 합니다.

나의 기도

_____

_____

하나님이 주신 모든 것에 감사할 수 있게 해 주시고,
나를 하나님의 말씀과 기도로 거룩하게 구별할 수 있도록 도와주세요.

오늘의 말씀

그런즉 너희가 먹든지 마시든지
무엇을 하든지 다 하나님의 영광을 위하여 하라

고린도전서 10:31

세 줄 묵상

나의 계획과 걸음이 나의 만족과 유익을 향하고 있나요?

하나님은 우리의 모든 것이 하나님을 향해 있기를 원하십니다.

그때에 모든 것을 더해 주실 하나님을 신뢰합니다.

나의 기도

_____

_____

하나님 안에서 무엇이든 할 수 있게 하시니 감사합니다.
나의 모든 삶이 하나님의 영광을 나타낼 수 있게 도와주세요.

D-56

오늘의 말씀

우리는 구원 받는 자들에게나 망하는 자들에게나

하나님 앞에서 그리스도의 향기니

고린도후서 2:15

세 줄 묵상

우리는 하나님이 십자가로 품으신 사람들입니다.

그래서 우리에게는 하나님의 냄새가 배어 있습니다.

내가 있는 곳에서 나는 그렇게 하나님의 향기를 전합니다.

나의 기도

_____

_____

하나님의 향기로 살아갈 수 있게 하시니 감사합니다.

하나님의 향기를 전하는 내가 되게 도와주세요.

영어성경

D-60

It is good for me that I was humbled, so that I might learn your statutes. **Psalms 119:71**

D-59

Your word is a lamp to my feet and a light to my path. **Psalms 119:105**

D-58

For everything created by God is good, and nothing is to be rejected, provided it is received with thanksgiving; for it is sanctified by Gods word and by prayer. **1 Timothy 4:4-5**

D-57

So, whether you eat or drink, or whatever you do, do everything for the glory of God. **1 Corinthians 10:31**

D-56

For we are the aroma of Christ to God among those who are being saved and among those who are perishing. **2 Corinthians 2:15**

년   월   일   요일

오늘의 말씀

너희가 아들이므로
하나님이 그 아들의 영을 우리 마음 가운데 보내사
아빠 아버지라 부르게 하셨느니라

갈라디아서 4:6

세 줄 묵상

십자가로 우리를 다시 하나님의 자녀로 삼으셨습니다.

그 자녀에게 약속하신 성령님으로 우리를 든든히 붙드십니다.

그래서 우리는 하나님을 아버지로 부를 수 있습니다.

나의 기도

_____

_____

나의 아버지가 되어 주셔서 감사합니다.
하나님의 온전하고 신실한 자녀가 되어 살아가겠습니다.

D-54

년　월　일　요일

오늘의 말씀

세월을 아끼라 때가 악하니라

에베소서 5:16

세 줄 묵상

하나님은 모든 사람에게 24시간을 주셨습니다.

그 시간은 선해질 수도 악해질 수도 있습니다.

세상의 악이 아닌, 하나님의 선을 향해 나의 시간을 드립니다.

나의 기도

나에게 주신 지금을, 이 시간을, 소중하게 여기고 아끼며,
하나님의 선하심을 따라 살아갈 수 있도록 도와주세요.

년　　월　　일　　요일

그러므로 어리석은 자가 되지 말고
오직 주의 뜻이 무엇인가 이해하라

에베소서 5:17

세 줄 묵상

우리의 준비가 세상의 가치를 따르지 않기를 바랍니다.

우리의 준비를 하나님의 뜻이 이끌어 가기를 소원합니다.

하나님의 뜻을 분별하고 이해하는 지혜를 구합니다.

나의 기도

어리석은 사람이 아닌 지혜로운 사람이 되기를 원합니다.
하나님의 뜻을 이해할 수 있는 지혜를 주세요.

D-52

년　　월　　일　　요일

오늘의 말씀

술 취하지 말라 이는 방탕한 것이니
오직 성령으로 충만함을 받으라

에베소서 5:18

세 줄 묵상

세상의 것들이 우리를 위로하는 것처럼 보일 때가 있습니다.

그러나 그것들은 우리 안에 방탕함을 채울 뿐입니다.

우리 안에 은혜를 채우시는 하나님의 성령을 구합니다.

나의 기도

_____

_____

나의 준비가 하나님 앞에 정결한 시간으로 채워지기를 원합니다.
세상의 다른 것이 아닌, 하나님의 성령으로 충만하게 해 주세요.

D-51

년　월　일　요일

오늘의 말씀

누구든지 자기 친족 특히 자기 가족을 돌보지 아니하면
믿음을 배반한 자요 불신자보다 더 악한 자니라

디모데전서 5:8

세 줄 묵상

가족은 우리에게 주신 가장 끈끈한 믿음의 공동체입니다.

가족을 위한 기도가, 사랑이 주신 믿음을 지키는 일입니다.

가족을 사랑함으로, 믿음을 지켜나가는 내가 되기를 원합니다.

나의 기도

_____

_____

나와 함께 이 시간을 준비하는 가족들이 있습니다.
나의 가족을 사랑하는 내가 될 수 있게 해 주세요.

영어성경

D-55
And because you are children, God has sent the Spirit of his Son into our hearts, crying, "Abba! Father!"   **Galatians 4:6**

D-54
making the most of the time, because the days are evil. **Ephesians 5:16**

D-53
So do not be foolish, but understand what the will of the Lord is.

Ephesians 5:17

D-52
Do not get drunk with wine, for that is debauchery; but be filled with the Spirit,   **Ephesians 5:18**

D-51
And whoever does not provide for relatives, and especially for family members, has denied the faith and is worse than an unbeliever.

1 Timothy 5:8

나의 최선

D-50~D-41

나의 최선

한 소년이 집 마당에 있는 무거운 돌을 옮기기 위해 애쓰고 있었습니다. 하지만 옴짝달싹도 하지 않았지요. 소년의 아빠가 이 모습을 한참 지켜보다가 이야기했습니다.

"온 힘을 다하고 있는 게 맞니?"

소년은 울먹이며 그렇다고 외쳤습니다.
아빠가 다시 이야기합니다.

"아닌 것 같은데? 아직 도와달라고 하지 않았잖아."

도움을 요청하는 것, 그것마저도 우리에게 힘이 되고, 그 도움을 통해 우리에게 주어지는 힘이 있다는 것을 알려 주는 이야기입니다.

참 감사한 일입니다. 우리가 하나님께 도움을 요청하는 것도, 그리고 그 도움을 들으시고 일하실 하나님이 계시다는 것도요. 눈을 들어 하나님을 바라보세요. 그리고 하나님께 도움을 구해봅시다. (시 121:1-2)

그렇게 하나님께 도움을 구하며 최선을 다하고, 도우시는 하나님을 경험하는 여러분이 되시기를 축복합니다!

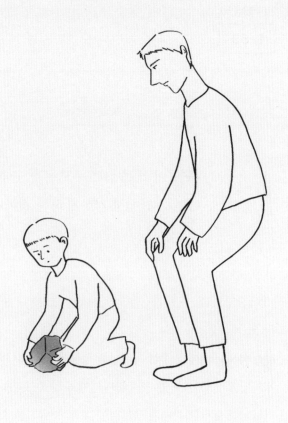

내가 산을 향하여 눈을 들리라
나의 도움이 어디서 올까
나의 도움은 천지를 지으신 여호와에게서로다
시편 121:1-2

D-50

년　　월　　일　　요일

오늘의 말씀

자녀들아 모든 일에 부모에게 순종하라

이는 주 안에서 기쁘게 하는 것이니라

골로새서 3:20

세 줄 묵상

부모님은 우리에게 주신 하나님의 형상과도 같습니다.

부모님께 순종할 수 있다면, 하나님께도 할 수 있습니다.

하나님을 대하는 것처럼 부모님을 대할 수 있기를 소원합니다.

나의 기도

부모님께 잘못했던 것을 회개합니다.

부모님을 더 사랑하고 섬길 수 있도록 도와주세요.

D-49

오늘의 말씀

누구든지 하나님을 사랑하노라 하고
그 형제를 미워하면 이는 거짓말하는 자니
보는 바 그 형제를 사랑하지 아니하는 자는
보지 못하는 바 하나님을 사랑할 수 없느니라

요한일서 4:20

세 줄 묵상

눈에 보이지 않는 하나님을 사랑하는 것이 믿음입니다.

눈에 보이는, 가족을 사랑하는 것은 우리 믿음의 선포입니다.

믿음의 선포와 사랑으로 나의 삶을 채워 가기를 소원합니다.

나의 기도

_____

_____

_형제자매를 사랑하지 못하는 거짓된 삶이 아닌,
형제자매를 사랑하는 진실한 믿음을 살아 낼 수 있게 도와주세요._

D-48

년   월   일   요일

오늘의 말씀

내가 산을 향하여 눈을 들리라
나의 도움이 어디서 올까
나의 도움은 천지를 지으신 여호와에게서로다

시편 121:1-2

세 줄 묵상

큰 산을 바라보며 세상을 지으신 하나님을 기억합니다.

창조주의 손길로 나를 도우실 줄 믿습니다.

나의 준비의 시간 동안 하나님의 도움을 구하기를 소원합니다.

나의 기도

_____

_____

도움을 약속하시는 하나님을 찬양합니다.
하나님을 찾으며 도움을 구할 때, 하나님, 나를 도와주세요.

오늘의 말씀

좁은 문으로 들어가라

멸망으로 인도하는 문은 크고 그 길이 넓어

그리로 들어가는 자가 많고

마태복음 7:13

세 줄 묵상

준비의 과정 가운데, 편하고 쉬워 보이는 문들을 보게 됩니다.

그러나 모든 준비의 정도(正道)는 성실임을 기억합니다.

그것이 곧 하나님의 가치임을 기억하고, 추구하기를 소원합니다.

나의 기도

조금 수고스럽고 힘들어도, 하나님의 가치를 먼저 추구하는
내가 될 수 있게 도와주세요.

D-46

오늘의 말씀

그가 시험을 받아 고난을 당하셨은즉
시험 받는 자들을 능히 도우실 수 있느니라

히브리서 2:18

세 줄 묵상

예수님께서는 이미 인간의 모든 삶을 경험하셨습니다.

기쁨과 슬픔, 탄생과 죽음까지도 오롯이 그 몸에 담으셨습니다.

그렇기에 예수님의 공감은, 도움은, 나의 가장 큰 힘이 됩니다.

나의 기도

_____

_____

나의 상황에 공감해 주실 수 있는 하나님을 신뢰합니다.
나의 시험 가운데에 함께 해 주시고, 나를 도와주세요.

영어성경

D-50

Children, obey your parents in everything, for this is your acceptable duty in the Lord.   **Colossians 3:20**

D-49

Those who say, "I love God," and hate their brothers or sisters, are liars; for those who do not love a brother or sister whom they have seen, cannot love God whom they have not seen.   **1 John 4:20**

D-48

I lift up my eyes to the hills— from where will my help come? My help comes from the Lord, who made heaven and earth.

Psalms 121:1-2

D-47

Enter through the narrow gate; for the gate is wide and the road is easy that leads to destruction, and there are many who take it.

Matthew 7:13

D-46

Because he himself was tested by what he suffered, he is able to help those who are being tested.   **Hebrews 2:18**

D-45

오늘의 말씀

내 형제들아 너희가 여러 가지 시험을 당하거든
온전히 기쁘게 여기라 이는 너희 믿음의 시련이
인내를 만들어 내는 줄 너희가 앎이라

야고보서 1:2-3

세 줄 묵상

하나님은 우리가 튼튼한 믿음으로 살아가기를 원하십니다.

그래서 시험과 시련을 통해 믿음으로 인내하게 하십니다.

이길 힘도, 견뎌낼 인내도, 하나님께서 주십니다.

나의 기도

_____

_____

어려움 중에도 나를 단련시키시는 하나님을 신뢰합니다.
나의 시간이 믿음의 인내로 채워지게 도와주세요.

년   월   일   요일

오늘의 말씀

다만 이뿐 아니라 우리가 환난 중에도 즐거워하나니
이는 환난은 인내를, 인내는 연단을
연단은 소망을 이루는 줄 앎이로다

로마서 5:3-4

세 줄 묵상

어려운 일에 힘들어하며 누군가를 원망할 때가 있습니다.

그러나 소망을 향한 길 위에서 잠깐 만나는 것입니다.

그 길 위에서, 모든 어려움은 소망을 향한 발판이 됩니다.

나의 기도

_____

_____

어려운 상황 가운데에서도 믿음으로 즐거워할 수 있는,
환난 중에 소망을 바라볼 수 있는, 그런 믿음을 더해 주세요.

D-43

년   월   일   요일

오늘의 말씀

그런즉 선 줄로 생각하는 자는 넘어질까 조심하라

고린도전서 10:12

세 줄 묵상

아담과 하와의 범죄는 교만에 기인합니다.

교만에 취했을 때, 우리는 넘어지기 쉽습니다.

나의 시간이, 겸손의 시간이 되기를 소원합니다.

나의 기도

하나님 없이 혼자 할 수 있다는 착각과 교만을 버리고,
항상 겸손한 마음을 가질 수 있게 해 주세요.

D-42

오늘의 말씀

사람이 감당할 시험 밖에는 너희가 당한 것이 없나니
오직 하나님은 미쁘사 너희가 감당하지 못할 시험 당함을
허락하지 아니하시고 시험 당할 즈음에 또한
피할 길을 내사 너희로 능히 감당하게 하시느니라

고린도전서 10:13

세 줄 묵상

하나님은 우리의 시험 중에도 함께 하십니다.

우리가 그 시험을 감당할 수 있는 능력과 피할 길을 주십니다.

우리의 준비도, 하나님의 능력과 인도하심으로 채우실 것입니다.

나의 기도

_____

_____

모든 시험 가운데 동행하시니 감사합니다.
하나님께서 주시는 능력으로 시험을 감당하게 해 주세요.

년   월   일   요일

오늘의 말씀

그러므로
믿음은 들음에서 나며
들음은 그리스도의 말씀으로 말미암았느니라

로마서 10:17

세 줄 묵상

나의 준비가 하나님께서 주시는 믿음으로 채워지기를 원합니다.

믿음을 주시는 그리스도의 말씀에 귀를 기울입니다.

말씀으로 인도하시고, 믿음으로 살아내는 내가 되기를 원합니다.

나의 기도

_____

_____

하나님의 말씀을 듣습니다.
선물로 주시는 믿음을 받을 수 있게 해 주세요.

영어성경

D-45

My brothers and sisters, whenever you face trials of any kind, consider it nothing but joy, because you know that the testing of your faith produces endurance.   **James 1:2-3**

D-44

And not only that, but we also boast in our sufferings, knowing that suffering produces endurance, and endurance produces character, and character produces hope,   **Romans 5:3-4**

D-43

So if you think you are standing, watch out that you do not fall.

1 Corinthians 10:12

D-42

No testing has overtaken you that is not common to everyone. God is faithful, and he will not let you be tested beyond your strength, but with the testing he will also provide the way out so that you may be able to endure it.   **1 Corinthians 10:13**

D-41

So faith comes from what is heard, and what is heard comes through the word of Christ.   **Romans 10:17**

독수리와
상승기류

D-40~D-31

독수리와 상승기류

2020년 7월 영국과 아르헨티나 연구진이 논문을 통해 발표한 사실에 따르면(PNAS), 날개를 편 길이가 3m에 달하는 지상 최대의 맹금류 안데스콘도르(Andean Condor)는 전체 비행시간의 약 1%만 날갯짓을 한다고 합니다. 연구진이 관찰한 총 216시간의 비행 기록을 살펴보면, 날갯짓과 날갯짓 사이의 시간이 98분에서 317분에 이른다고 합니다. 어떤 개체는 날갯짓 없이 5시간 이상, 총 172km를 날았다고도 합니다.

비결은 무엇일까요? 그것은 바로 상승기류를 타는 것입니다. 아래에서 위로 움직이는 공기의 흐름을 타는 것이지요. 큰 몸집을 든든히 받쳐주는 상승기류를 느끼고 탈 수 있는 능력이 긴 시간을 적은 날갯짓으로 비행할 수 있는 비결이었습니다.

우리에게는 무엇이 우리가 오랜 시간 동안 준비를 이어갈 수 있도록 든든히 받쳐주는 상승기류인가요?
우리를 사랑하셔서(요 3:16), 우리를 지키시고(신 32:10), 우리의 힘이 되시며(출 15:2), 인도하시는 하나님(잠 16:9)을 기억합시다. 그 하나님의 도우심으로(사 41:13) 독수리와 같이, 높이 날아오를 준비를 하는 여러분이 되시기를 축복합니다!(사 40:31) 하나님을 앙망(仰望)하세요!
하나님께서 우리의 도움이십니다!

오직 여호와를 앙망하는 자는 새 힘을 얻으리니
독수리가 날개치며 올라감 같을 것이요
달음박질하여도 곤비하지 아니하겠고
걸어가도 피곤하지 아니하리로다
이사야 40:31

년   월   일   요일

오늘의 말씀

믿음은 바라는 것들의 실상이요
보이지 않는 것들의 증거니
선진들이 이로써 증거를 얻었느니라

히브리서 11:1-2

세 줄 묵상

수많은 믿음의 선배들은 믿음으로 증거를 얻었습니다.

바라는 것의 이루어짐으로, 하나님의 신비의 증거를 보았습니다.

같은 경험이 믿음으로 채우는 나의 준비에도 있기를 원합니다.

나의 기도

_____

_____

믿음으로 이 준비의 과정을 채우게 하시고,
그 믿음이 열매로 나타날 수 있게 도와주세요.

오늘의 말씀

예수께서 이르시되

너는 나를 본 고로 믿느냐

보지 못하고 믿는 자들은 복되도다 하시니라

요한복음 20:29

세 줄 묵상

우리는 앞을 알 수 없는 미래를 향해 매일 나아갑니다.

보이지 않고 알 수 없는 그 길이 두렵고 떨리기도 합니다.

함께 하시는 하나님을 믿는 믿음이 그 길을 복되게 합니다.

나의 기도

_____

_____

지금은 내 눈에 보이는 것이 많지 않습니다.
하지만 하나님을 향한 믿음을 지켜 낼 수 있게 도와주세요.

D-38

오늘의 말씀

육체의 연단은 약간의 유익이 있으나
경건은 범사에 유익하니
금생과 내생에 약속이 있느니라

디모데전서 4:8

세 줄 묵상

하나님 앞에 겸손하고 신실한 태도로, 경건으로 나아갑니다.

약속하시고 예비하시는 선하고 좋은 것들을 기대합니다.

나의 준비의 시간 속에서 하나님의 유익을 경험하기 원합니다.

나의 기도

_____

_____

하나님께 가까이 나아가는 경건으로 나의 삶을 채우게 하시고,
하나님께서 약속하신 것들을 목격하는 삶을 살아가게 해 주세요.

오늘의 말씀

믿음이 없이는 하나님을 기쁘시게 하지 못하나니
하나님께 나아가는 자는 반드시 그가 계신 것과
또한 그가 자기를 찾는 자들에게
상 주시는 이심을 믿어야 할지니라

히브리서 11:6

세 줄 묵상

모든 준비의 과정 중에 하나님의 도움을 구하며 나아갑니다.

살아 계신 하나님께서 도우실 것을 신뢰합니다.

하나님께서 나의 믿음을 기뻐하시기를 소원합니다.

나의 기도

_____

_____

하나님께서 기뻐하시는 믿음으로 나아갑니다.
이 준비의 시간을 담대히 하나님과 동행하게 해 주세요.

D-36

오늘의 말씀

영혼 없는 몸이 죽은 것 같이

행함이 없는 믿음은 죽은 것이니라

야고보서 2:26

세 줄 묵상

활력을 잃어 시들하고 주춤할 때가 있습니다.

그럴수록 더욱 믿음으로 하나님께 나아갑니다.

말씀과 찬양과 기도로, 하나님께서 주시는 힘을 얻습니다.

나의 기도

_____

_____

살아 계신 하나님을 향한 살아 있는 믿음으로,

그 믿음을 행동으로 옮기며 살아갈 수 있게 도와주세요.

영어성경

D-40

Now faith is the assurance of things hoped for, the conviction of things not seen. Indeed, by faith our ancestors received approval.

Hebrews 11:1-2

D-39

Jesus said to him, "Have you believed because you have seen me? Blessed are those who have not seen and yet have come to believe."

John 20:29

D-38

For, while physical training is of some value, godliness is valuable in every way, holding promise for both the present life and the life to come. **1 Timothy 4:8**

D-37

And without faith it is impossible to please God, for whoever would approach him must believe that he exists and that he rewards those who seek him. **Hebrews 11:6**

D-36

For just as the body without the spirit is dead, so faith without works is also dead. **James 2:26**

D-35

오늘의 말씀

영접하는 자 곧 그 이름을 믿는 자들에게는
하나님의 자녀가 되는 권세를 주셨으니

요한복음 1:12

세 줄 묵상

십자가의 복음, 예수 그리스도를 믿습니다.

예수 그리스도의 이름으로 나를 자녀 삼아 주심을 믿습니다.

이제 아버지의 돌보심과 인도하심을 누리는 자녀로 살아갑니다.

나의 기도

그리스도의 이름을 믿게 하시니 감사합니다.
하나님의 자녀로, 하나님의 능력을 힘입어 살아가게 해 주세요.

년   월   일   요일

오늘의 말씀

그렇게 하지 아니하실지라도
왕이여 우리가 왕의 신들을 섬기지도 아니하고
왕이 세우신 금 신상에게
절하지도 아니할 줄을 아옵소서

다니엘 3:18

세 줄 묵상

다니엘의 세 친구들은 생명을 담보로 한 타협을 강요받습니다.

그러나 타협하지 않는 믿음으로 나아갑니다.

잠깐의 이익을 바라며 세상과 타협하지 않는 삶을 결단합니다.

나의 기도

_____

_____

사드락과 메삭과 아벳느고를 기억합니다.
그들처럼 세상과 타협하지 않는 믿음을 주세요.

오늘의 말씀

오직 여호와를 앙망하는 자는 새 힘을 얻으리니

독수리가 날개치며 올라감 같을 것이요

달음박질하여도 곤비하지 아니하겠고

걸어가도 피곤하지 아니하리로다

이사야 40:31

세 줄 묵상

독수리가 비상(飛上)하는 힘찬 날갯짓을 바라봅니다.

새로운 힘을 주실 때, 나도 그렇게 비상할 것을 믿습니다.

새로운 힘을 주시는, 하나님을 신뢰하며 바라봅니다.

나의 기도

_____

_____

새로운 힘을 약속하시니 감사합니다.

하나님을 찾으며 도움을 구할 때, 하나님, 나를 도와주세요.

D-32

년   월   일   요일

오늘의 말씀

너의 행사를 여호와께 맡기라
그리하면 네가 경영하는 것이 이루어지리라

잠언 16:3

세 줄 묵상

나의 것을 누군가에게 맡기는 것은 믿음을 필요로 합니다.

내 삶을 하나님께 맡기는 것은 믿음의 선포입니다.

하나님께서는 그 믿음을 받으시고, 내 삶을 이루어 가십니다.

나의 기도

맡기면 이루어질 것을 약속하시니 감사합니다.
믿음으로 하나님께 무엇이든 맡길 수 있는 믿음을 주세요.

D-31

년 월 일 요일

오늘의 말씀

사람이 마음으로 자기의 길을 계획할지라도
그의 걸음을 인도하시는 이는 여호와시니라

잠언 16:9

세 줄 묵상

우리의 계획이 뜻대로 되지 않을 때가 있습니다.

그때에도, 하나님의 인도하심은 우리와 함께 합니다.

나의 뜻보다 하나님의 뜻대로 걸어가는 시간을 기대합니다.

나의 기도

믿음으로 나의 계획을 세웁니다.
하나님께서 나의 계획과 걸음을 지켜 주시고 인도해 주세요.

영어성경

D-35 ―――――――――――――――――――――――――――――――

But to all who received him, who believed in his name, he gave power to become children of God, **John 1:12**

D-34 ―――――――――――――――――――――――――――――――

But if not, be it known to you, O king, that we will not serve your gods and we will not worship the golden statue that you have set up." **Daniel 3:18**

D-33 ―――――――――――――――――――――――――――――――

But those who wait for the Lord shall renew their strength, they shall mount up with wings like eagles, they shall run and not be weary, they shall walk and not faint. **Isaiah 40:31**

D-32 ―――――――――――――――――――――――――――――――

Commit your work to the Lord , and your plans will be established. **Proverbs 16:3**

D-31 ―――――――――――――――――――――――――――――――

The human mind plans the way, but the Lord directs the steps. **Proverbs 16:9**

포기하지 말고

D-30~D-21

포기하지 말고

자동차 왕으로 알려져 있는 헨리 포드는 발명왕으로 알려진 토마스 에디슨이 세운 회사에서 일했습니다. 헨리 포드의 어릴 적 롤 모델이 바로 토마스 에디슨이었거든요. 열심히 일했습니다. 점점 인정을 받다 보니 에디슨과 만나서 이야기할 기회가 생겼어요. 그때 포드는 에디슨에게 질문했습니다.

"가솔린(기름)이 기계를 돌릴 수 있는 힘을 낼 수 있습니까?"

질문을 들은 에디슨은 '그렇다'고 대답했어요. 포드는 에디슨의 대답에 힘과 용기를 얻었고, 그동안 자신이 생각만으로 가지고 있었던 것을 실행에 옮기기 시작합니다. 바로 자동차의 엔진을 만드는 일이었습니다. 그러나 계속 실패했습니다. 5년이 지나도, 10년이 지나도 성공하지 못했습니다. 그러나 그는 포기하지 않았습니다. 꾸준히 도전했고, 결국 13년 만에 자동차의 엔진을 만들어 냈습니다.

사람의 말도 포기하지 않고 노력할 수 있는 힘을 줍니다. 하나님의 말씀은 어떨까요? 하나님께서 하나님을, 하나님의 말씀을 의지하며 기도로 준비하는 사람들이 포기하지 않고, 낙심하지 않고 꾸준히 노력할 수 있는 힘뿐만 아니라, 그것을 이루어 낼 새로운 힘도 더해 주시지 않을까요? (고후 4:16) 포기하지 마세요. 하나님께서 도우십니다!!

그러므로 우리가 낙심하지 아니하노니
우리의 겉사람은 낡아지나
우리의 속사람은 날로 새로워지도다
고린도후서 4:16

D-30

오늘의 말씀

그러므로
사람이 선을 행할 줄 알고도 행하지 아니하면 죄니라

야고보서 4:17

세 줄 묵상

우리는 하나님의 선을 지향합니다.

선하신 하나님의 형상대로 지음받았기 때문입니다.

나의 시선이, 하나님의 선을 이루어 가는 곳에 있기를 원합니다.

나의 기도

_____

_____

하나님의 선하심을 알게 하시니 감사합니다.

하나님의 선한 마음을 깨닫고 행하면서 살 수 있도록 도와주세요.

하나님께서 구하시는 제사는 상한 심령이라
하나님이여 상하고 통회하는 마음을
주께서 멸시하지 아니하시리이다

시편 51:17

세 줄 묵상

우리의 약함이 우리가 하나님께 나아가는 것을 막지 못합니다.
죄로 인해 아파하고 눈물 흘릴 때 하나님께서 기억하십니다.
하나님은 우리의 부족을 채우시고, 눈물을 닦아 주십니다.

나의 기도

_____

_____

내 마음이 어려울 때, 나를 외면하지 않으시니 감사합니다.
하나님께 마음을 쏟아놓는 솔직함을 주세요.

년   월   일   요일

그러므로
이제 그리스도 예수 안에 있는 자에게는
결코 정죄함이 없나니

로마서 8:1

세 줄 묵상

우리는 그리스도의 십자가 아래에 있습니다.

그 십자가가 사탄의 참소로부터 우리를 지켜 줍니다.

그 십자가로 우리를 보호하십니다.

나의 기도

_____

_____

죄에서 자유롭게 하시니 감사합니다.
선하신 예수님 안에, 그리스도의 십자가 아래에 있기를 소원합니다.

년   월   일   요일

오늘의 말씀

이는 그리스도 예수 안에 있는 생명의 성령의 법이
죄와 사망의 법에서 너를 해방하였음이라

로마서 8:2

세 줄 묵상

하나님은 십자가로 우리를 보호하십니다.

영원한 생명으로, 하나님의 영으로 우리를 덮으십니다.

죄와 사망은 힘을 잃고, 우리는 하나님의 사랑으로 일어섭니다.

나의 기도

_____

_____

영원한 생명으로, 하나님의 영으로 함께 하시니 감사합니다.
나를 구원하시는 예수님의 사랑을 잊지 않게 도와주세요.

년   월   일   요일

오늘의 말씀

그러므로 우리가 낙심하지 아니하노니
우리의 겉사람은 낡아지나
우리의 속사람은 날로 새로워지도다

고린도후서 4:16

세 줄 묵상

우리의 시간에 낙심이 있을 수 있습니다.

그러나 하나님께서는 날마다 우리를 새롭게 채우십니다.

매일매일, 새로운 한 걸음을 하나님과 함께 내딛습니다.

나의 기도

_____

_____

낙심될 일을 만나도 함께 하시는 하나님을 압니다.
하나님 안에서 매일 새로운 삶을 살아갈 수 있게 도와주세요.

영어성경

D-30

Anyone, then, who knows the right thing to do and fails to do it, commits sin. **James 4:17**

D-29

The sacrifice acceptable to God is a broken spirit; a broken and contrite heart, O God, you will not despise. **Psalms 51:17**

D-28

There is therefore now no condemnation for those who are in Christ Jesus. **Romans 8:1**

D-27

For the law of the Spirit of life in Christ Jesus has set you free from the law of sin and of death. **Romans 8:2**

D-26

So we do not lose heart. Even though our outer nature is wasting away, our inner nature is being renewed day by day.

2 Corinthians 4:16

D-25

년   월   일   요일

오늘의 말씀

여인이 어찌 그 젖 먹는 자식을 잊겠으며
자기 태에서 난 아들을 긍휼히 여기지 않겠느냐
그들은 혹시 잊을지라도 나는 너를 잊지 아니할 것이라

이사야 49:15

세 줄 묵상

나의 상황 때문에 가끔 하나님을 잊고 삽니다.

그러나 하나님은 나를 잊지 않으십니다.

나를 생명처럼 사랑하시기 때문입니다.

나의 기도

_____

_____

하나님, 나를 잊지 않으시니 감사합니다.
하나님을 잊지 않는 하루를, 삶을 살아가게 해 주세요.

년   월   일   요일

오늘의 말씀

너희에게는 머리털까지 다 세신 바 되었나니

마태복음 10:30

세 줄 묵상

하나님은 우리의 모든 것을 알고 계십니다.

우리의 머리카락도, 계획도, 기쁨과 슬픔도, 모두 아십니다.

나를 가장 잘 아시고, 사랑하시는 하나님을 신뢰합니다.

나의 기도

나를 사랑하시어 내 모든 것을 아시는 하나님을 기뻐합니다.
나를 가장 잘 아시는 하나님을 신뢰하며 살아가게 도와주세요.

오늘의 말씀

누구든지 사람 앞에서 나를 시인하면
나도 하늘에 계신 내 아버지 앞에서
그를 시인할 것이요

마태복음 10:32

세 줄 묵상

사람 앞에서 하는 고백만큼 강력한 마음의 표현은 없습니다.

예수님의 십자가가 그런 마음의 표현이기도 했습니다.

하나님을 향한 믿음을 고백하는 삶을 결심합니다.

나의 기도

_____

_____

언제 어디에서나 하나님을 고백하는 내가 되기를 원합니다.
매순간, 나에게 믿음과 용기를 주세요.

D-22

년   월   일   요일

오늘의 말씀

나의 힘이신 여호와여 내가 주를 사랑하나이다

시편 18:1

세 줄 묵상

하나님께서 나의 힘이 되어주십니다.

왜냐하면, 하나님께서 나를 사랑하시기 때문입니다.

나를 사랑하시는 하나님을, 나도 사랑하기를 원합니다.

나의 기도

나의 힘이 되어 주셔서 감사합니다.

하나님을 사랑하며 살아가는 내가 될 수 있도록 도와주세요.

오늘의 말씀

낮에는 여호와의 구름이 성막 위에 있고
밤에는 불이 그 구름 가운데에 있음을
이스라엘의 온 족속이 그 모든 행진하는 길에서
그들의 눈으로 보았더라

출애굽기 40:38

세 줄 묵상

하나님께서는 구름과 불로 이스라엘 백성들과 함께 하셨습니다.
하나님의 함께 하심을 눈으로 보며 나아갈 수 있었습니다.
나와도 함께 하시는 하나님을 믿음의 눈으로 바라봅니다.

나의 기도

_____

_____

나의 모든 길에 함께 하시는 하나님, 감사합니다.
나를 인도하시는 하나님을 눈으로 볼 수 있는 은혜를 주세요.

영어성경

D-25 ───────────────────────────

Can a woman forget her nursing child, or show no compassion for
the child of her womb? Even these may forget, yet I will not forget
you.   **Isaiah 49:15**

D-24 ───────────────────────────

And even the hairs of your head are all counted.   **Matthew 10:30**

D-23 ───────────────────────────

"Everyone therefore who acknowledges me before others, I also will
acknowledge before my Father in heaven.   **Matthew 10:32**

D-22 ───────────────────────────

I love you, O Lord , my strength.   **Psalms 18:1**

D-21 ───────────────────────────

For the cloud of the Lord was on the tabernacle by day, and fire was
in the cloud by night, before the eyes of all the house of Israel at each
stage of their journey.   **Exodus 40:38**

보이는 게
전부는 아니에요

———

D-20~D-11

보이는 게 전부는 아니에요

비가 온 후에 나타나는 무지개는 태양 빛이 공기 중에 떠 있는 수많은 물
방울에 들어가면서 발생합니다. 이때 빛은 각기 다른 각도로 굴절되면서
여러 가지 색을 보여 줍니다.

그런데, 보이는 게 전부는 아닙니다. 우리가 흔히 보는 무지개는 일부가
가려진 것입니다. 원래 무지개의 모양은 구(球)형입니다. 물방울이 구형
이기 때문입니다. 구형의 물방울을 통해 굴절, 반사되는 빛은 구형으로 나
타나게 되는 것이지요. 그래서 무지개의 원래 모양은 구형입니다. 그래서
비행기처럼 아무것도 가려지는 것이 없는 높은 곳에서 보면 구형의 무지
개를 볼 수 있습니다.

노아의 홍수 이후에 하나님께서는 약속의 증표로 무지개를 보여 주셨습니
다. 아마 노아는 우리와 같이 가려진 무지개를 보았겠지요? 그러나 그 무
지개가 전부가 아니라는 점을 기억합시다. 보이지 않는 부분이 분명히 있
습니다.

하나님의 약속도, 일하심도, 계획도, 우리의 눈에 보이는 부분이 있는가
하면, 그렇지 않은 부분도 있습니다. 우리가 알지 못하는 크고 은밀한 일
들을 이루시는 하나님(렘 33:3)을 기대하는 우리가 되기를 소원합니다!

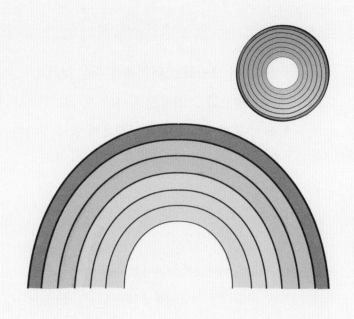

너는 내게 부르짖으라 내가 네게 응답하겠고
네가 알지 못하는 크고 은밀한 일을 네게 보이리라
예레미야 33:3

년   월   일   요일

오늘의 말씀

구하라 그리하면 너희에게 주실 것이요
찾으라 그리하면 찾아낼 것이요
문을 두드리라 그리하면 너희에게 열릴 것이니

마태복음 7:7

세 줄 묵상

우리는 많은 것들을 하나님께 구하며 살아갑니다.

우리가 구하면 주실 것을 하나님께서 약속하셨기 때문입니다.

나의 준비의 시간이, 그 약속이 이루어지는 시간이 될 것입니다.

나의 기도

_____

_____

주실 것을 약속하시니 감사합니다.
믿음으로 구하고 찾고 두드리는 내가 될 수 있게 도와주세요.

년   월   일   요일

구하는 이마다 받을 것이요 찾는 이는 찾아낼 것이요
두드리는 이에게는 열릴 것이니라

마태복음 7:8

세 줄 묵상

구하는 이, 찾는 이, 두드리는 이 모두에게 주시리라 하십니다.

내가 원하는 것보다, 하나님의 것을 주십니다.

하나님께서 주시는 것을 발견하기를 소원합니다.

나의 기도

믿음으로 하나님께 구합니다.
하나님께서 주시는 것을 분별하여 감사로 받을 수 있게 도와주세요.

오늘의 말씀

기도를 계속하고 기도에 감사함으로 깨어 있으라

골로새서 4:2

세 줄 묵상

깨어 있는 방법은 감사입니다.

감사의 제목을 찾다 보면, 깨어 있게 됩니다.

힘든 준비의 과정 중에도 분명한 감사의 제목으로 기도합니다.

나의 기도

나의 삶의 자리에 베푸시는 감사의 제목들을 기억하게 하시고,
깨어서 계속 기도할 수 있는 기도의 문을 열어 주세요.

D-17

년   월   일   요일

오늘의 말씀

너는 내게 부르짖으라 내가 네게 응답하겠고
네가 알지 못하는 크고 은밀한 일을
네게 보이리라

예레미야 33:3

세 줄 묵상

부르짖으라 말씀하셨고 응답하시겠다고 약속하셨습니다.

우리가 알지 못하는 일을 보여 주실 것을 약속하셨습니다.

나를 향한 하나님의 일하심이 있음을 신뢰하고 기대합니다.

나의 기도

_____

_____

응답하실 것을 약속해 주시니 감사합니다. 하나님의 일하심을 기대하며
믿음으로 하나님을 부르는 내가 되게 해 주세요.

D-16

오늘의 말씀

아브라함이 그 땅 이름을 여호와 이레라 하였으므로
오늘날까지 사람들이 이르기를
여호와의 산에서 준비되리라 하더라

창세기 22:14

세 줄 묵상

하나님께서 예비하신 하나님의 방법이 있습니다.

하나님께서는 결국 우리에게 가장 좋은 것을 준비하십니다.

그것을 신뢰하며, 하나님의 준비하심을 향해 담대히 나아갑니다.

나의 기도

_____

_____

나를 위해 준비하시는 하나님께 감사합니다.
하나님의 준비를 신뢰하는 믿음으로 준비를 이어가게 해 주세요.

영어성경

D-20

Ask, and it will be given you; search, and you will find; knock, and the door will be opened for you. **Matthew 7:7**

D-19

For everyone who asks receives, and everyone who searches finds, and for everyone who knocks, the door will be opened. **Matthew 7:8**

D-18

Devote yourselves to prayer, keeping alert in it with thanksgiving.

Colossians 4:2

D-17

Call to me and I will answer you, and will tell you great and hidden things that you have not known. **Jeremiah 33:3**

D-16

So Abraham called that place "The Lord will provide"; as it is said to this day, "On the mount of the Lord it shall be provided."

Genesis 22:14

D-15

오늘의 말씀

스스로 속이지 말라
하나님은 업신여김을 받지 아니하시나니
사람이 무엇으로 심든지 그대로 거두리라

갈라디아서 6:7

세 줄 묵상

심은 대로 거두는 하나님의 단순한 정의를 기억합니다.

정의로우신 하나님 앞에서 우리도 정의로워야 합니다.

나의 준비에, 최선을 다함이 심겨지기를 소원합니다.

나의 기도

하나님의 정의로우심을 기억하게 하시니 감사합니다.
하나님 앞에 정직하게 노력으로 심고 거둘 수 있게 도와주세요.

오늘의 말씀

좋은 땅에 뿌려졌다는 것은 곧 말씀을 듣고 받아
삼십 배나 육십 배나 백 배의 결실을 하는 자니라

마가복음 4:20

세 줄 묵상

하나님의 열매는 기본이 3,000%입니다!!

우리는 좋은 열매를 맺기 위한 좋은 땅으로 준비되어야 합니다.

비결은 말씀을 듣고 받는 것입니다.

나의 기도

_____

_____

하나님께서 주시는 은혜의 열매를 기대합니다.
내 마음에 하나님의 말씀이 온전히 심겨지게 해주세요.

오늘의 말씀

너희 아버지의 자비로우심 같이
너희도 자비로운 자가 되라

누가복음 6:36

세 줄 묵상

하나님께서는 우리가 하나님을 닮아 가기를 원하십니다.

함께 하고, 경험하는 것이 닮아 가는 가장 효과적인 방법입니다.

하나님과 동행하며, 그 자비로우심을 경험하기를 소원합니다.

나의 기도

_____

_____

하나님 닮기를 소원합니다.
자비로우신 하나님과 함께, 그 마음을 품을 수 있게 도와주세요.

D-12

오늘의 말씀

또 우리 사람들도
열매 없는 자가 되지 않게 하기 위하여
필요한 것을 준비하는
좋은 일에 힘 쓰기를 배우게 하라

디도서 3:14

세 줄 묵상

사람들은 누구나가 열매를 위해 준비합니다.

그 준비가 '좋은 일'이 되기 위해서는 무엇이 필요할까요?

하나님의 영광을 위한 거룩하고 정직한 마음과 노력입니다.

나의 기도

_____

_____

나의 준비가 하나님의 영광을 위해 필요한 일이 되기를 소원합니다.
하나님을 바라보며 이 시간을 노력으로 채울 수 있게 도와주세요.

년   월   일   요일

오늘의 말씀

───────────────────

너는 일어나 그 땅을 종과 횡으로 두루 다녀 보라
내가 그것을 네게 주리라

창세기 13:17

세 줄 묵상

'다녀보라'는 것은 직접 부딪혀 보라는 뜻입니다.

그 부딪힘의 시간에 함께 하시겠다는 약속입니다.

'주리라' 말씀하신 창조주 하나님을 신뢰합니다.

나의 기도

───

───

나의 발길이 닿는 모든 곳에 함께 하시니 감사합니다.
모든 것의 주인이신 하나님을 더욱 신뢰할 수 있게 도와주세요.

영어성경

D-15

Do not be deceived; God is not mocked, for you reap whatever you sow.   **Galatians 6:7**

D-14

And these are the ones sown on the good soil: they hear the word and accept it and bear fruit, thirty and sixty and a hundredfold.

Mark 4:20

D-13

Be merciful, just as your Father is merciful.   **Luke 6:36**

D-12

And let people learn to devote themselves to good works in order to meet urgent needs, so that they may not be unproductive.   **Titus 3:14**

D-11

Rise up, walk through the length and the breadth of the land, for I will give it to you.   **Genesis 13:17**

은혜

D-10~D-1

은혜

프랑스의 군인이자 황제인 나폴레옹은 탁월한 전략가였습니다. 그는 군대의 사기를 유지하기 위해 정의를 기준으로 엄격히 상벌하는 지도자로도 알려져 있습니다. 특히 탈영병과 변절자를 추적, 체포하는 것은 군의 사기를 위해 엄격히 시행하는 일 중 하나였습니다.

어느 날, 탈영을 했다가 체포된 한 병사에게 사형이 구형되었습니다. 병사의 어머니가 나폴레옹에게 아들을 용서해달라고 찾아왔습니다. 나폴레옹은 그 병사는 용서받을 자격이 없다고 단호하게 거절했지요. 그러나 어머니의 이어진 말에 나폴레옹은 병사를 용서해 주게 되었다고 합니다.

"자격이 있어서가 아닙니다. 그저 은혜를 베풀어 주세요."

은혜는 자격을 따지지 않습니다. 우리의 모습과 상황과 상관없이, 은혜는 값없이 선물로 우리에게 주어지는 것입니다. 은혜를 얻기 위해서 우리가 할 수 있는 것은, 은혜를 구하는 것입니다. (시 86:3)

지금까지 열심히 준비하고 기도로 달려왔으니, 이제는 은혜를 구하며 나아갑시다. (시 86:3) 하나님께서 도우실 것입니다!! (사 43:13)

주여 내게 은혜를 베푸소서
내가 종일 주께 부르짖나이다

시편 86:3

년   월   일   요일

이는 나 여호와 너의 하나님이
네 오른손을 붙들고 네게 이르기를
두려워하지 말라 내가 너를 도우리라 할 것임이니라

이사야 43:13

세 줄 묵상

하나님은 나의 하나님이 되어 주시어 내 손을 잡아 주십니다.
두렵고 떨리는 지금, 나에게 나를 도우실 것을 약속하십니다.
그 하나님의 손에 붙들리어 나아갑니다.

나의 기도

내 손을 붙드시는 하나님, 감사합니다.
나를 도우실 하나님을 기대하고 감사드립니다.

D-9

년   월   일   요일

오늘의 말씀

너희 중에 누구든지 지혜가 부족하거든
모든 사람에게 후히 주시고 꾸짖지 아니하시는
하나님께 구하라 그리하면 주시리라

야고보서 1:5

세 줄 묵상

우리는 부족함을 부끄러워 할 때가 있습니다.

하나님께서는 우리의 부족함을 부끄럽게 여기지 않으십니다.

구하면 채워 주시리라 약속하신 하나님의 말씀을 의지합니다.

나의 기도

_____

_____

나의 부족함을 무어라 하지 않으시는 하나님께 감사합니다.
하나님께서 주시는 지혜로 준비할 수 있게 도와주세요.

D-8

년   월   일   요일

오늘의 말씀

그러나 내가 가는 길을 그가 아시나니
그가 나를 단련하신 후에는
내가 순금 같이 되어 나오리라

욥기 23:10

세 줄 묵상

하나님께서 나의 길을 아시고, 인도하십니다.

그 길에서 하나님께서 나를 하나님의 사람으로 단련하십니다.

순수한 금처럼 정결하게 만들어 가시는 하나님을 신뢰합니다.

나의 기도

_____

_____

나의 길을 아시고 이끌어 가시는 하나님께 감사합니다.
그 길에서 하나님께 더욱 정결하게 다듬어져 가게 해 주세요.

D-7

오늘의 말씀

너희는 마음에 근심하지 말라
하나님을 믿으니 또 나를 믿으라

요한복음 14:1

세 줄 묵상

우리에게는 두려움과 떨림, 의심과 안타까움이 있습니다.
그러나 예수님은 근심하지 말고, 믿고 따라오라 하십니다.
이제 하나님만 바라보며 나아갑니다.

나의 기도

_____

_____

두렵고 떨리는 이 시간, 내게 주신 말씀을 의지합니다.
내가 근심하지 않을 수 있게 도와주세요.

D-6

오늘의 말씀

내 이름으로 무엇이든지 내게 구하면 내가 행하리라

요한복음 14:14

세 줄 묵상

예수님께서 무엇이든지 구하는 것을 얻는 방법을 알려 주십니다.

'예수님의 이름으로' 구하는 것입니다.

나의 목표가 '예수님의 이름' 뒤를 겸손히 따르기를 소원합니다.

나의 기도

_____

_____

나의 필요가 하나님의 이름보다 앞서지 않기를 원합니다.
겸손한 마음으로 도움을 구하는 내가 되게 해 주세요.

영어성경

——————————————————————

I am God, and also henceforth I am He; there is no one who can deliver from my hand; I work and who can hinder it? **Isaiah 43:13**

D-9 ——————————————————————

If any of you is lacking in wisdom, ask God, who gives to all generously and ungrudgingly, and it will be given you. **James 1:5**

D-8 ——————————————————————

But he knows the way that I take; when he has tested me, I shall come out like gold. **Job 23:10**

D-7 ——————————————————————

Do not let your hearts be troubled. Believe in God, believe also in me. **John 14:1**

D-6 ——————————————————————

If in my name you ask me for anything, I will do it. **John 14:14**

년   월   일   요일

오늘의 말씀

───────────────

그러므로 내가 그리스도를 위하여

약한 것들과 능욕과 궁핍과

박해와 곤고를 기뻐하노니

이는 내가 약한 그 때에 강함이라

고린도후서 12:10

세 줄 묵상

그리스도를 위한 어려움을 기뻐할 수 있는 이유가 있습니다.

하나님께서 그 약함 가운데 강함으로 함께 하시기 때문입니다.

나의 준비에도 강함으로 함께 하실 하나님을 기대합니다.

나의 기도

───────────────────────────────────

───────────────────────────────────

나의 약함에 강함으로 함께 하시는 하나님 감사합니다.
나의 준비가 그리스도를 위해 쓰임받을 수 있게 해 주세요.

D-4

오늘의 말씀

내게 능력 주시는 자 안에서
내가 모든 것을 할 수 있느니라

빌립보서 4:13

세 줄 묵상

은혜는 '할 수 없는 것'을 '할 수 있게 되는 것'입니다.

내 힘으로 할 수 없는 것이 하나님의 은혜로 가능케 됩니다.

하나님 안에서, 하나님의 능력으로, 은혜로, 할 수 있습니다.

나의 기도

_____

_____

하나님의 능력으로 할 수 있음을 선포합니다!
하나님의 능력으로, 가능하게 하시는 은혜로 동행해 주세요.

D-3

년　　월　　일　　요일

오늘의 말씀

너희는 그들을 두려워하지 말라

너희의 하나님 여호와께서

친히 너희를 위하여 싸우시리라 하였노라

신명기 3:22

세 줄 묵상

아직 우리는 두렵습니다.

하지만 하나님께서 나를 위하여 싸우시겠다 약속하십니다.

이긴 싸움입니다. 담대히 나아갑니다.

나의 기도

_____

_____

나와 함께 싸워 주시니 감사합니다.

함께 하시는 하나님을 기억하고 두려워하지 않게 도와주세요.

년   월   일   요일

주여 내게 은혜를 베푸소서
내가 종일 주께 부르짖나이다

시편 86:3

세 줄 묵상

이제는 정말 할 수 있는 것을 다 한 것 같습니다.

구할 것은 오직 은혜뿐임을 겸손히 고백합니다.

나의 부르짖음을 들으시고 응답하실 하나님을 기대합니다.

나의 기도

_____

_____

은혜를 베푸시는 하나님, 감사합니다.
이제 하나님의 은혜를 구합니다. 은혜로 나와 함께 해 주세요.

D-1

오늘의 말씀

여호와를 바라는 너희들아 강하고 담대하라

시편 31:24

세 줄 묵상

두렵고 떨리는 하루 중에도, 함께 하시는 하나님을 기억합니다.

하나님의 은혜의 손길을 바라고 구할 때 들으시는 줄 믿습니다.

강하고 담대한 마음으로, 하나님과 함께 나아갑니다.

나의 기도

내일입니다. 최선을 다했습니다. 이제 하나님만 바라봅니다.
강하고 담대한 마음으로 나아갈 수 있게 도와주세요.

영어성경

D-5

Therefore I am content with weaknesses, insults, hardships, persecutions, and calamities for the sake of Christ; for whenever I am weak, then I am strong.   **2 Corinthians 12:10**

D-4

I can do all things through him who strengthens me.   **Philippians 4:13**

D-3

Do not fear them, for it is the Lord your God who fights for you.

Deuteronomy 3:22

D-2

Be gracious to me, O Lord, for to you do I cry all day long.

Psalms 86:3

D-1

Be strong, and let your heart take courage, all you who wait for the Lord.   **Psalms 31:24**

함께 하십니다

D-Day~D+7

함께 하십니다

릭 호이트(Rick Hoyt)은 태어날 때 탯줄이 목에 감기는 사고를 겪었습니다. 이 사고로 뇌에 산소공급이 중단되면서 뇌성마비와 언어장애를 갖게 되었어요. 컴퓨터를 통해 겨우 의사를 표현할 수 있었던 릭의 소원은 '달리기'였습니다.

아버지 딕(Dick Hoyt)은 아들의 소원을 듣고 함께 달리기 시작했습니다. 아버지는 아들을 고무배에 태우고 바다 수영을 하고, 특수의자를 장착한 자전거에 아들을 태워 자전거를 탔습니다. 아버지와 아들은 팀 호이트라는 이름으로 놀라운 일들을 이루어냅니다. 1977년부터 2016년까지 40년 동안, 마라톤과 트라이애슬론, 듀애슬론 등 총 1,130개 대회를 완주했습니다.

"저는 아들 없이는 달리지 않습니다."

"아버지는 내 날개를 받쳐 주는 바람이에요."

아버지는 아들이 가고 싶은 곳이라면 어디든지 함께 했습니다. 물속이든 뜨거운 햇볕 아래든 가리지 않았습니다. 아들은 아버지와, 아버지는 아들과 함께 달렸습니다.

100일이라는 시간, 하나님과 함께 달려온 여러분들에게, 이제는 또 다른 시작이, 또 다른 준비가 펼쳐질 것입니다. 여러분, 그때에, 기억하세요. 그 시작에도, 그 준비에도, 하나님께서 함께 하십니다(창 28:15).

내가 너와 함께 있어 네가 어디로 가든지
너를 지키며 너를 이끌어 이 땅으로 돌아오게 할지라
내가 네게 허락한 것을 다 이루기까지
너를 떠나지 아니하리라 하신지라

창세기 28:15

D-Day

년   월   일   요일

오늘의 말씀

그 날에 여호와께서 말씀하신 이 산지를
지금 내게 주소서 당신도 그 날에 들으셨거니와
그 곳에는 아낙 사람이 있고
그 성읍들은 크고 견고할지라도
여호와께서 나와 함께 하시면
내가 여호와께서 말씀하신 대로
그들을 쫓아내리이다 하니

여호수아 14:12

하나님의 말씀을 의지하며 나아갑니다.
나를 향한 하나님의 계획과 인도하심을 경험하고,
믿음으로 승리할 수 있도록,
하나님 오늘도 나와 함께 해 주세요.

D+1

오늘의 말씀

느헤미야가 또 그들에게 이르기를 너희는 가서 살진
것을 먹고 단 것을 마시되 준비하지 못한 자에게는
나누어 주라 이 날은 우리 주의 성일이니 근심하지 말라
여호와로 인하여 기뻐하는 것이 너희의 힘이니라 하고

느헤미야 8:10

세 줄 묵상

목표했던 날이 지나도, 하나님은 여전히 우리와 함께 하십니다.
하나님의 은혜를 베푸시고, 기뻐할 수 있게 도우십니다.
이제는 하나님으로 인해 기뻐하며 힘을 얻기를 기대합니다.

나의 기도

_____

_____

나와 함께 하신 하나님께 감사를 드립니다.
하나님을 기뻐하는 것이 나의 힘이 될 수 있게 도와주세요.

D+2

오늘의 말씀

일어나라 빛을 발하라
이는 네 빛이 이르렀고
여호와의 영광이 네 위에 임하였음이니라

이사야 60:1

세 줄 묵상

우리 위에 하나님의 영광의 빛이 함께 하십니다!

하나님께서 우리를 빛으로 부르십니다!

이제 그 빛을 들고 세상으로 나아갑니다!

나의 기도

_____

_____

하나님의 영광으로 함께하심을 감사합니다.
하나님의 빛을 의지하며 살아가는 내가 되게 도와주세요.

D+3

오늘의 말씀

내가 너와 함께 있어 네가 어디로 가든지
너를 지키며 너를 이끌어 이 땅으로 돌아오게 할지라
내가 네게 허락한 것을 다 이루기까지
너를 떠나지 아니하리라 하신지라

창세기 28:15

세 줄 묵상

내가 어딜 가든지 인도하시고 함께 하실 하나님을 신뢰합니다.
약속하신 것들이 이루어지는 은혜를 경험하게 될 줄 믿습니다.
마음의 흐트러짐 없이 그 하나님을 떠나지 않기를 소원합니다.

나의 기도

_____

_____

나를 떠나지 않으시니 감사합니다.
나 역시 하나님을 떠나지 않도록, 나의 마음을 붙잡아 주세요.

D+4

오늘의 말씀

이는 모든 것이 너희를 위함이니
많은 사람의 감사로 말미암아 은혜가 더하여 넘쳐서
하나님께 영광을 돌리게 하려 함이라

고린도후서 4:15

세 줄 묵상

준비의 시간들이 감사의 제목들로 가득 차 있음을 고백합니다.

그 모든 시간이 하나님의 은혜임을 고백합니다.

하나님께 모든 영광을 돌려드립니다.

나의 기도

_____

_____

나를 위한 하나님의 섭리와 은혜를 발견하게 하시고,
감사와 영광을 돌리는 내가 되게 해 주세요.

D+5

오늘의 말씀

내가 노래로 하나님의 이름을 찬송하며
감사함으로 하나님을 위대하시다 하리니

시편 69:30

세 줄 묵상

놀라운 일을 이루어 오신, 이루어 가실 하나님을 기대합니다.

모든 삶의 자리에서, 모든 순간에 그 하나님을 바라봅니다.

그 하나님께 감사하며, 그 이름을 찬송합니다.

나의 기도

감사와 찬양으로 하나님을 높이는 삶을 소원합니다.
나에게 감사와 찬송의 옷을 입혀 주세요.

D+6

오늘의 말씀

호흡이 있는 자마다 여호와를 찬양할지어다 할렐루야

시편 150:6

세 줄 묵상

지금까지 나의 모든 순간 함께 하신 하나님을 기억합니다.

나를 향한 계획으로, 선하신 손으로 함께 하셨습니다.

찬양받으시기에 합당하신 하나님을 찬양합니다.

나의 기도

하나님을 찬양합니다. 나의 찬양을 받아주세요.
나의 평생에 하나님을 찬양함이 끊어지지 않게 도와주세요.

D+7

오늘의 말씀

여호와는 네게 복을 주시고

너를 지키시기를 원하며

여호와는 그의 얼굴을 네게 비추사

은혜 베푸시기를 원하며

여호와는 그의 얼굴을 네게로 향하여 드사

평강 주시기를 원하노라 할지니라

민수기 6:24-26

하나님 아버지,

나의 삶이, 나의 시간이,

하나님의 은혜와 평강으로 가득하도록 나와 동행해 주세요.

내 삶에 함께 하실 하나님께 찬양과 영광을 드립니다.

영어 성경

D-Day ———————————————————————

So now give me this hill country of which the Lord spoke on that day; for you heard on that day how the Anakim were there, with great fortified cities; it may be that the Lord will be with me, and I shall drive them out, as the Lord said.　**Joshua 14:12**

D+1 ———————————————————————

Then he said to them, "Go your way, eat the fat and drink sweet wine and send portions of them to those for whom nothing is prepared, for this day is holy to our Lord ; and do not be grieved, for the joy of the Lord is your strength."　**Nehemiah 8:10**

D+2 ———————————————————————

Arise, shine; for your light has come, and the glory of the Lord has risen upon you.　**Isaiah 60:1**

D+3 ———————————————————————

Know that I am with you and will keep you wherever you go, and will bring you back to this land; for I will not leave you until I have done what I have promised you.　**Genesis 28:15**

D+4

Yes, everything is for your sake, so that grace, as it extends to more and more people, may increase thanksgiving, to the glory of God.

2 Corinthians 4:15

D+5

I will praise the name of God with a song; I will magnify him with thanksgiving. **Psalms 69:30**

D+6

Let everything that breathes praise the Lord ! Praise the Lord!

Psalms 150:6

D+7

The Lord bless you and keep you; the Lord make his face to shine upon you, and be gracious to you; the Lord lift up his countenance upon you, and give you peace. **Numbers 6:24-26**

100일을 돌아보며… 나의 감사, 나의 기도

그동안 있었던 감사의 순간들과 감사의 기도를 적어 봅시다.

누가복음 17장에는 나병환자 열 명이 예수님을 만나 고침을 받은 장면
이 기록되어 있습니다. 나병환자라는 이유로 감히 가까이 가지도 못하
고 멀리 서서 그저 있는 힘껏 '예수 선생님!! 우리를 불쌍히 여겨 주세
요!!' 외칠 수밖에 없었던 절박한 사람들이었지요. 예수님께서는 '가서
제사장들에게 몸을 보여 주라' 말씀하셨고, 그들은 그 말씀을 듣고 가
다가 깨끗하게 낫게 됩니다.

하지만 예수님께 돌아와 감사의 인사를 전한 사람은 단 한 명이었어
요. 나머지 아홉은 어디로 갔는지 기록조차 없습니다. 예수님께서는
이 한 사람에게 '믿음이 너를 구원하였다' 하십니다.

돌아와 감사를 드린 것을 보시고 믿음이라 이야기하십니다. 어떤 상황
에서든 하나님 앞에 서서, 은혜를 기억하며, 감사하는 것이 하나님께서
우리에게 기대하시는 믿음이 아닐까요?

언젠가 책장에 꽂혀 있는 이 책을 다시 열어 여러분들의 100일의 시간
과 노력을 회상할 때, 새로운 감동과 은혜가 있기를 기대합니다.

D-day가 지나도 앞으로를 계속 살아갈 우리입니다. 삶의 자리에서, 하나님 앞에 서서, 은혜를 기억하며, 감사하는 삶을. 하나님께서 기대하시고 기뻐하시는 믿음의 삶을 살아가는, 그 한 사람이 되시기를, 축복합니다.

말씀과
동행하는
100일

ⓒ 손병의, 2024

초판 1쇄 발행 2024년 8월 15일

지은이   손병의
펴낸이   이기봉
편집   좋은땅 편집팀
펴낸곳   도서출판 좋은땅
주소   서울특별시 마포구 양화로12길 26 지월드빌딩 (서교동 395-7)
전화   02)374-8616~7
팩스   02)374-8614
이메일   gworldbook@naver.com
홈페이지   www.g-world.co.kr

ISBN   979-11-388-3256-4 (03230)